ENTRE LAS CUERDAS

INSIDE THE ROPES

ENTRE LAS CUERDAS

CUERDAS

INSIDE THE ROPES

ANDY DUMAS

COEDICIÓN

MOSAIC PRESS
1252 Speers Road, Units 1 & 2
Oakville, Ontario L6L 5N9

Tomo Books MX S. de R.L. de C.V.
Nicolás San Juan 1043,
03100, Ciudad de México

1.ª edición, noviembre 2022.

© *Entre las cuerdas*
© Andy Dumas, 2022
Mosaic Press
1252 Speers Road, Units 1 & 2
Oakville, Ontario L6L 5N9

© 2022, Tomo Books MX, S. de R. L. de C. V.
Nicolás San Juan 1043, Col. Del Valle
03100, Ciudad de México.
Tels. 5575-6615, 5575-8701 y 5575-0186 Fax. 5575-6695
www.grupotomo.com.mx
ISBN-13: 978-607-99498-9-1
Miembro de la Cámara Nacional
de la Industria Editorial N.° 3978

Traducción: Luis Raúl Garibay
Formación tipográfica: Marco A. Garibay
Diseño de Portada: Karla Silva
Fotografías: Naoki Fukuda
Fotografía de Sugar Ray Leonard y Marvin «Maravilla» Hagler: Andy Dumas
Supervisor de producción: Leonardo Figueroa

Este libro se publicó conforme al contrato establecido entre *Mosaic Press* y *Tomo Books MX, S. de R. L. de C. V.*

Impreso en México

◇◇◇

Andy Dumas
[*Inside The Ropes – Entre las cuerdas. English-Spanish*]

Inside The Ropes – Entre las cuerdas / Andy Dumas; translated by Luis Raúl Garibay

Library and Archives Canada Cataloguing in Publication
Title: Entre las cuerdas = Inside the ropes / Andy Dumas. | Other titles: Inside the ropes
Names: Dumas, Andy, author. | Container of: Dumas, Andy. Entre las cuerdas. | Container of: Dumas, Andy. Inside the ropes.
Description: Text in Spanish and parallel English.
Identifiers: Canadiana (print) 20220434832 | Canadiana (ebook) 20220434840 | ISBN 9781771616881
(softcover) | ISBN 9781771616898 (PDF) | ISBN 9781771616904 (EPUB) | ISBN 9781771616911 (Kindle)
Subjects: LCSH: Boxing. | LCSH: Boxers (Sports) | LCSH: Boxing–Pictorial works.
| LCSH: Boxers (Sports)–Pictorial works. | LCSH: Physical fitness.
Classification: LCC GV1121 .D86 2022 | DDC 796.83–dc23

Published by Mosaic Press, Oakville, Ontario, Canada, 2022
MOSAIC PRESS, Publishers
Copyright © Andy Dumas, 2022
Translation copyright © 2022, Mosaic Press & Luis Raúl Garibay

Printed and Bound in Canada & Mexico
Interior design and layout by Marco Antonio Garibay
Cover & inside photographs by Naoki Fukuda
Photograph of Sugar Ray Leonard & Marvin «Marvelous» Hagler by Andy Dumas

MOSAIC PRESS
1252 Speers Road, Units 1 & 2
Oakville, Ontario L6L 5N9
phone: (905) 825-2130

info@mosaic-press.com

Printed in Mexico

Dedicatoria

A mis padres, Eve y Cliff Dumas, Sr.
A todos los boxeadores del mundo que entregan el alma en el cuadrilátero día tras día.

Agradecimientos

Mauricio Sulaimán, Víctor Silva y Tito González del Consejo Mundial de Boxeo.
Jamie Dumas, Russ Anber, Carla Zabek, Naoki Fukuda, Morty Mint,
Howard Aster, Laurene Lucchetta y James «The Dragon» Turner.

Dedication

To my parents, Eve and Cliff Dumas Sr.
To all the boxers world-wide who give their all in the ring day in and day out.

Acknowledgements

Mauricio Sulaiman, Victor Silva and Tito Gonzalez of the World Boxing Council.
Jamie Dumas, Russ Anber, Carla Zabek, Naoki Fukuda, Morty Mint,
Howard Aster, Laurene Lucchetta and James «The Dragon» Turner.

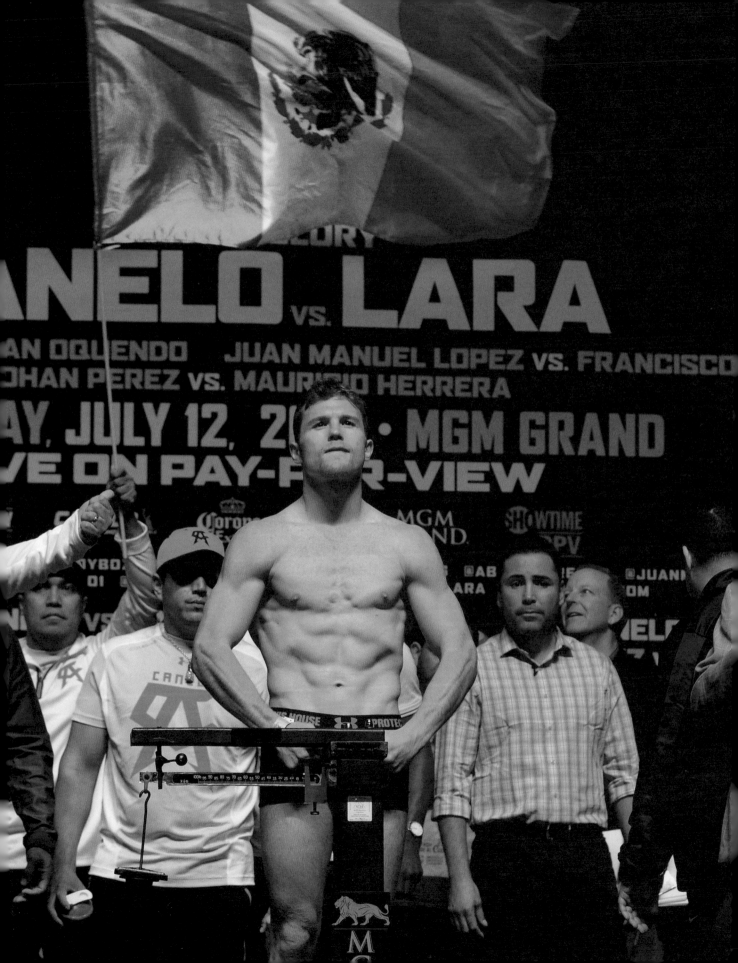

ÍNDICE

INSIDE THE ROPES

Saúl «Canelo» Álvarez

Saúl «Canelo» Álvarez

PRÓLOGO

Tenía 12 años de edad cuando mi hermano Rigoberto hizo su debut profesional en el boxeo. Me inicié en el pugilismo gracias a él. Le dije, «quiero ser como tú», y él me respondió, «no, tú vas a ser mejor».

Mi entrenador José «Chepo» Reynoso me dijo, «vas a ser un gran campeón, pero solo una parte de tu vida; serás una persona toda tu vida, así que esfuérzate por sobresalir en ello».

Siempre tengo en mente la necesidad de ser humilde y tener fe en mí mismo. Veo hacia atrás y recuerdo de dónde vengo. Lo que quiero está aquí y no voy a dejar que se escape. Debes dar tu corazón y alma en cada ejercicio, en cada entrenamiento, en cada técnica y en cada pleito. Con cada pelea aprendo y muestro avances. Estoy mejorando todo el tiempo y sé que aún hay mucho por aprender. Siempre hay lugar para mejorar y cada pelea representa un nuevo reto.

Sigo trabajando duro para alcanzar mis metas. Los grandes del boxeo se plantean metas y saben que hay que pagar un precio para cumplirlas. Sé que cada carrera matutina y cada entrenamiento a 38° C en el gimnasio valdrán la pena. Cada día hay una oportunidad para ser mejor y avanzar. Resistiré y no dejaré que nada derrote mi fe y espíritu. Pienso en ganar… y eso me da la fuerza para continuar. Prepárate para ser un atleta guerrero con temple. Nunca permitas que ningún contrincante trabaje más fuerte que tú. Nunca des un paso atrás.

FOREWORD

I was only 12 when my brother Rigoberto made his professional boxing debut. I started to box because of him. I said to him, «I want to be like you» and he said «no you will be better».

My trainer Jose «Chepo» Reynoso, tells me «You'll likely become a great champion, but only part of your life. You'll be a person all of your life, so strive to excel at it.»

I keep in mind the need to be humble and have faith in myself. I look back and remember where I came from. What I want is right here and I'm not letting go. You must give your heart and soul in every exercise, in every workout, in every technique and in every fight. With every fight I learn and show advances. I'm improving all the time and I know I still have a lot to learn. There is always room for improvement, and each new fight provides a new challenge.

I keep working hard to achieve my goals. Great boxers set goals and realize they must pay the price for success. I know all those early morning runs and 100 degree days working in the gym will pay off. Every day an opportunity is presented for me to get better and improve. I will be resilient and not let anything defeat my belief and spirit. I think about winning…that gives me strength to continue. Prepare yourself to be a warrior athlete of character. Never allow any opponent to work harder than you. Never back down.

Quiero llegar a lo más alto en el boxeo y quiero ser el mejor pugilista salido de México. Sueño con emular a Muhammad Ali. Quiero ser como él, o más grande.

Cuando la gente hable de boxeo, quiero que hablen del «Canelo».

Dejaré mi corazón en el cuadrilátero para satisfacer a la gente. Siempre le daré a mis fanáticos una gran pelea y al final del día podremos gritar ¡Viva México!

Este libro está dedicado a todos los fanáticos del boxeo en el mundo. ***Entre las cuerdas*** te adentrará al mundo del boxeo, el deporte del cual me siento honrado y bendecido de representar.

Sinceramente,
Saúl «Canelo» Álvarez

I want to get to the highest point in boxing and I want to be the best that comes out of Mexico. My dream is to be like Muhammad Ali. I want to be like him or even greater.

When people talk about boxing I want them to think about «Canelo».

I will leave my heart in the ring to please all the people. I will always bring my fans a great fight and at the end of the day we will yell «Viva Mexico!»

This book is dedicated to all boxing fans around the world. ***Inside The Ropes*** takes you into the world of boxing. The sport I'm honored and blessed to be involved in.

Sincerely,
Saúl «Canelo» Álvarez

El «Canelo» Álvarez ha ganado campeonatos mundiales en cuatro categorías que van del peso mediano ligero a peso semipesado. En la actualidad es el campeón mundial unificado de peso súper mediano, habiendo logrado los títulos de la AMB (Asociación Mundial de Boxeo), CMB (Consejo Mundial de Boxeo), y la revista *Ring* desde el año 2020.

Canelo Álvarez has won world championships in four weight classes from light middleweight to light heavyweight. He is currently a unified super middleweight world champion, having held the WBA (Super), WBC, and *Ring* magazine titles since 2020.

Saúl «Canelo» Álvarez & Erislandy Lara

PREFACIO

La «dulce ciencia» a la que se refieren los aficionados del pugilismo siempre ha sido, a lo largo de su historia, una prueba de aptitud física y destreza. El boxeo se originó como un medio para resolver disputas y el vencedor era reconocido por su valentía, fuerza y entereza. Y aunque estas características aún permanecen, el boxeo ha evolucionado desde sus comienzos bárbaros donde no había reglas para convertirse en una sofisticada e intrincada «ciencia» en la que los peleadores de hoy requieren cualidades adicionales como talento, habilidad y, lo más importante, dedicación.

¿Qué hace a un gran campeón? Los grandes campeones tienen un deseo inherente de ganar.

PREFACE

The «sweet science» to which boxing is referred to by pugilist aficionados, has always been a test of physical fitness and prowess throughout its long history. Boxing originated as a means to resolving disputes and the victor was esteemed for his bravery, strength and fortitude. Although these characteristics remain, boxing has evolved from its rather barbaric beginnings where there were no rules to a sophisticated, intricate «science» in which today's contests also require the additional qualities of talent, skill and most importantly, dedication.

What makes a Great Champion? Great Champions have an inherent desire to win. Concomitant

Juan Manuel Márquez vs.
Manny Pacquiao

Simultáneo a ese deseo está la determinación necesaria para salir siempre victorioso. Para ilustrar este punto, el momento decisivo en la mayoría de las peleas es cuando cada pugilista alcanza el punto de cansancio. El boxeador que conscientemente pueda lograr el esfuerzo adicional a través de pura determinación, quizá salga victorioso.

En otras palabras, en cada pleito, uno puede distinguir el momento que separó la victoria de la derrota. Un verdadero campeón reconoce y aprovecha ese momento proyectando un esfuerzo casi heroico que surge de lo más profundo de su alma. Así pues, para ser un gran campeón, se debe tener una gran pasión y respeto por el deporte, determinación y dedicación, así como una completa fe en sí mismo. Los atributos que distinguen a los grandes atletas son la

with that desire is the requisite determination to be victorious. To illustrate this point, the defining moment in most fights is when each participant reaches the point of exhaustion. The boxer who can mindfully muster the extra effort through sheer grit will likely emerge the victor.

In other words, in every battle, one can discern the instant that separated victory from defeat. A true champion recognizes and seizes that moment by projecting a near herculean effort stemming from deep within his soul. Thus, to be a Great Champion, one must have a deep seeded passion and respect for the sport; determination and dedication; and complete faith in oneself. The distinguishing attributes of great athletes is the ability to rise to the occasion and excel in times of great

Manny Pacquiao

Floyd Mayweather, Jr.

capacidad de estar a la altura de las circunstancias y sobresalir en los momentos de mayor estrés, urgencia y presión, dejando de lado el dolor, el cansancio y desterrando cualquier muestra de temor.

Aquellos que creen en el desafío de la «dulce ciencia» se sienten atraídos por la emoción del deporte. El boxeo proyecta un magnetismo casi maligno, muy difícil de resistir. Los que no se han involucrado en esta búsqueda o que no la comprenden o aprecian, de seguro sentirán repulsión por el deporte. Si bien puede parecer que el boxeo no es más que mera demostración de barbarie en la que el objetivo es infligir el mayor daño posible al contrincante, es al comprender en verdad el deporte y sus múltiples complejidades y sutilezas cuando uno descubre la elegancia y la «ciencia» que hay en

stress, urgency and pressure, pushing aside pain, and exhaustion and burying any fear.

Those who embrace the challenge of the «sweet science» are attracted to the thrill of the sport. Boxing projects an almost evil magnetism, very difficult to resist. Those who have not engaged in the pursuit and/or who have no understanding or appreciation for it would more than likely be repulsed by the sport. Although it may appear that boxing is a mere show of barbarity wherein the goal is to inflict as much damage on one's opponent as possible, it is in truly understanding the sport and its many complexities and subtleties that one discovers the elegance and «science» in its staging. An inner beauty emerges when coarseness and grace dance together inside the ring. That is what con-

su puesta en escena. Una belleza interior emerge cuando la tosquedad y la gracia bailan al unísono dentro del cuadrilátero. Eso es lo que sigue atrayendo a la gente al boxeo junto con los inmortales héroes que han surgido del pugilismo.

El legendario entrenador de boxeo Russ Anber comenta al respecto: «Un gran boxeador no se puede definir con facilidad, ya que hay miles de personas con las mismas características; los campeones simplemente lo tienen a un nivel diferente. Cualquier deportista de élite, sobre todo si nos referimos a un deporte individual, y que esté entre los mejores del mundo, tiene las características de un peleador. Tiene que contar con una gran fuerza mental, tener corazón, un lapso de concentración más allá de la persona promedio y atributos físicos superiores al del chico normal para poder ser el mejor del mundo».

En palabras del presidente del CMB, Mauricio Sulaimán: «El boxeo es mucho más que un deporte, representa la lucha por la vida y la conquista de sueños e ideales. El boxeo es una forma de vida, de arte. Es un fenómeno que une a personas y países. Trae esperanza a quienes más la necesitan, a quienes no tienen casi nada para salir adelante y luchan por una vida mejor; a veces, a través de la "dulce ciencia" y, a veces, como una forma de que se inspiren en las innumerables historias que solo este hermoso deporte puede expresar».

Entre las cuerdas es un libro único que revela la belleza interior y las complejidades tanto del arte como de la ciencia del boxeo. Es una perspectiva apasionada del deporte y demuestra la evolución del atleta humano a través del trabajo duro, la fuerza bruta y la determinación mental. **Entre las cuerdas** es tu acceso directo a los campos de entrenamiento, giras de prensa, pesajes, coloridos personajes y todo el drama de las grandes peleas. Te presenta más de 200 impresionantes imágenes de las mejores bata-

tinues to draw people to boxing along with to the larger-than-life heroes who have emerged from the sport.

Legendary Boxing trainer Russ Anber articulated it in this way: «A great boxer cannot be easily defined because there are thousands of people that share the same characteristics, champions just have it at a different level. Anybody that is an elite athlete, especially when we are talking about an individual sport, and are among the best in the world, has the characteristics that a fighter has. You have to have massive mental strength you have to have heart you have to have a concentration span beyond the normal person you have to have physical attributes that go beyond the regular guy because that's what makes you the best in the world.»

In the words of WBC President Mauricio Sulaimán: «Boxing is so much more than a sport, it represents the struggle of life and the conquering of dreams and ideals. Boxing is a way of life, an art. It is a phenomenon that brings people and nations together. It brings hope to those who need it the most, to those that have next to nothing to rise above and struggle for a better life; sometimes through the "sweet science" itself and sometimes as a way for them to be inspired by the countless stories that only this beautiful sport can express.»

Inside the Ropes is a one of a kind book which reveals the inner beauty and intricacies of both the art and science of boxing. It is a passionate perspective of the sport and demonstrates the evolution of the human athlete through hard work, raw strength and mental determination. **Inside the Ropes** is your all-access media pass to the training camps, press tours, weigh-ins, colourful characters and all the drama of the big fights themselves. It features over 200 stunning images from today's

llas pugilísticas de la actualidad tomadas por el premiado y apasionado fotógrafo Naoki Fukuda.

En cada página aprenderás cómo los grandes peleadores de la actualidad han perfeccionado su oficio y logrado un excelente acondicionamiento físico. Saben que todo lo que vale la pena en la vida es el resultado del trabajo arduo y de un esfuerzo honesto y constante.

Nunca antes se había publicado algo similar a **Entre las cuerdas**. Este libro único es imprescindible para todo el aficionado al boxeo.

greatest ring battles by award winning and passionate-eyed photographer, Naoki Fukuda.

On each page you will learn how great boxers of today have perfected their craft and achieved superb physical conditioning. They know everything meaningful in life results from hard work and putting forth an honest, consistent effort.

Nothing quite like **Inside the Ropes** has ever been published before. This unique book is must have for every boxing aficionado.

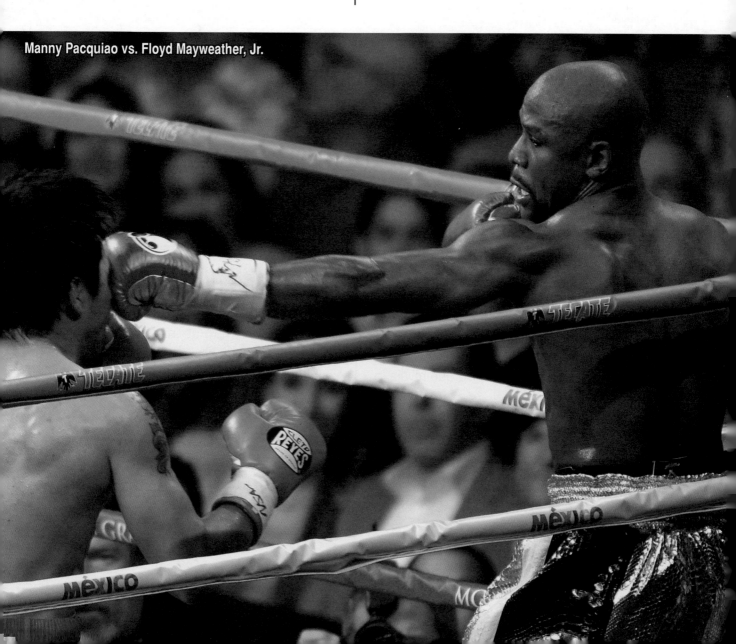

Manny Pacquiao vs. Floyd Mayweather, Jr.

Sergio Martínez

ANATOMÍA DE UN CAMPEÓN

«HAY QUE ECHARLE CABEZA»

Los campeones de boxeo tienen el compromiso y la concentración mental necesarios para triunfar.

Un campeón siempre debe mantener la cabeza en el juego.

El enfoque y el temprano reconocimiento de la debilidad de un oponente es la clave.

La estrategia, como jugador de ajedrez, le hará pensar no solo en el siguiente movimiento, sino ir tres pasos adelante, ideando cómo ubicarse en esa posición dominante para ejecutar el gran golpe que cause daño. Un campeón requiere la fuerza y resistencia mental para permanecer en el juego.

Una pequeña distracción podría ser perjudicial.

OJOS Y VISIÓN

La coordinación ojo-mano y la visibilidad no solo son una habilidad obligatoria, sino que también sirven para detectar esa distancia perfecta y lograr el impacto más efectivo de un golpe.

MANDÍBULA DE ACERO

Un campeón de boxeo no solo necesita dar golpes, también requiere aguantar un buen golpe en la mandíbula, para después contraatacar con fuerza e inteligencia.

PUÑOS DE ACERO

Los puños de acero harán que cada golpe cuente. Rápidos y poderosos *jabs* a la cabeza e hirientes ganchos al cuerpo cansan al oponente y preparan al campeón para vencer con el golpe final de nocaut.

ANATOMY OF A CHAMPION

«HEADS HE WINS»

Boxing champions have the commitment and the intense mental focus required to succeed.

A champion always has to keep his head in the game.

Focus and Early recognition of an opponent's weakness is key.

Strategizing, like a chess player, thinking not just of the next move but 3 steps ahead, devising how to get in that dominating position to execute the big shot that cause damage. A champion requires the mental strength and mental endurance to stay in the game.

One small lapse in focus could be detrimental.

EYES AND VISION

Not only is hand eye coordination a mandatory skill, but so is the visibility to detect that perfect distance to make the most effective impact of a punch.

GRANITE CHIN

A champion boxer needs not only to give punches, he needs to be able to sustain a hard hit to the jaw and come back fighting smarter and stronger.

FISTS OF STEEL

Fists of steel to make each hit count. Fast powerful jabs to the head, damaging hooks to the body tires the opponent and sets the champ up for the final knock out punch.

CUERPO DE LUCHA

Un campeón debe ser rápido, delgado y fuerte. Un cuerpo en forma, entrenado y bien nutrido es una necesidad. Para lograrlo hay que entrenar diario; para obtener velocidad, hay que correr y hacer trabajo con *sparrings*, así como entrenamiento abdominal para tener un tronco fuerte y poder recibir fuertes golpes. No solo necesitas entrenar como un campeón, sino comer como uno; proteínas para la resistencia y recuperación, y evitar azúcares y carbohidratos que solo inflaman el cuerpo.

TRABAJO DE PIES

Los boxeadores siempre están en movimiento y deben saber cómo mantener un fuerte centro de equilibrio. Desarrollan y ejecutan combinaciones de golpes sincronizados combinados con movimientos defensivos y juego de pies equilibrado. Los pugilistas entrenan para ser livianos, lo que permite realizar transiciones fluidas y administrar una variedad de secuencias de golpes.

GOLPES DE PODER

Cuando está en el ring, los golpes fuertes y poderosos son esenciales para un boxeador. El poder es la combinación de fuerza y velocidad. Los pugilistas utilizan estos dos elementos para tener éxito en el cuadrilátero para dar golpes con un poder explosivo y preciso.

BODY FOR FIGHTING

A champions need to be fast, lean and strong. A fit body that is effectively trained and nourished is a necessity. This requires daily training for speed like running and sparring, and ab work for a strong core to take heavy body punches. Not only do you need to train like a champion but eat like a champion, proteins for endurance and recovery and avoiding sugars and carbs that increase inflammation in the body.

FOOTWORK

Boxers are always on the move and must have a sense of how to maintain a strong centre of balance. They develop and execute synchronized punching combinations matched with defensive moves and balanced footwork. Boxers train to be light on their feet, allowing for free-flowing transitions and a variety of punch sequences to be administered.

POWER PUNCH

When in the ring, strong, powerful punches are essential for a boxer. Power is the combination of strength and speed. Boxers utilize both of these elements to be successful in the ring. To deliver punches with precise, explosive power.

SOBRE EL AUTOR ANDY DUMAS

Andy Dumas es un distinguido autor, actor polifacético, personalidad de la televisión, un reconocido consultor de acondicionamiento físico certificado y entrenador de boxeo canadiense cuya máxima pasión radica en el exuberante arte del boxeo.

El boxeo está en la sangre de Andy. De hecho, comenzó a boxear desde muy joven. Bajo la influencia de su padre, Clifford «Kippy» Dumas, Andy aprendió la dedicación y perseverancia que se necesitan para un buen estado físico. Cliff era un boxeador profesional que reflejaba todo su nivel de compromiso con su oficio. Observar y aprender

ABOUT THE AUTHOR ANDY DUMAS

Andy Dumas is a distinguished instructional author, dynamic actor and T.V. personality, and esteemed Certified Fitness Consultant and Canadian Boxing Coach whose ultimate passion lies in the exuberant art of boxing.

Boxing is in Andy's blood. In fact, he began boxing at an early age. Under the influence of his father, Clifford «Kippy» Dumas, Andy learned the dedication and perseverance required of quality fitness. Cliff was a professional boxer who mirrored to all his level of commitment to his craft. Watching and learning from such inspiration provided the

Andy Dumas & Sugar Ray Leonard

Mike Tyson & Andy Dumas

de tal inspiración cimentó el camino que Andy inevitablemente se aventuraría a recorrer.

Andy ha perfeccionado sus propias habilidades por años y las comparte a través de sus populares libros instructivos, que incluyen *Ultimate Boxing Workout, Fitness Boxing: The Ultimate Workout, Successful Boxing: The Ultimate Training Manual, Old School Boxing Fitness: How to Train Like a Champ, Knockout Fitness, The One-Two Punch Boxing*

building blocks for the path Andy would inevitably venture to travel.

Andy has fine tuned his own skills over decades and shares them through his popular instructional books, including *Ultimate Boxing Workout, Fitness Boxing: The Ultimate Workout, Successful Boxing: The Ultimate Training Manual, Old School Boxing Fitness: How to Train Like a Champ, Knockout Fitness, The One-Two Punch Boxing Workout.*

Workout. Trabajando junto con el CMB, Andy ha sido fundamental en el desarrollo de «The World School of Boxing», que ayuda a los entrenadores y *seconds* de todo el mundo, guiándolos con los mejores procedimientos y prácticas para el entrenamiento físico y los conceptos básicos médicos.

Después de haber estado en ambos lados de la cámara, actuando y trabajando como personalidad de la televisión y presentador de varios proyectos, el ojo creativo de Andy es evidente al capturar la realidad de algunos de los talentos más grandes que el mundo haya presenciado. Sus fotos y videos permiten a los espectadores adentrarse en las complejidades con una perspectiva intuitiva y artística. Andy ha estado involucrado en proyectos en el centro de Ali en

Working alongside the WBC, Andy has been integral in the development of 'The World School of Boxing' which helps trainers and seconds around the world, guiding them with the best procedures and practices for physical training and medical basics.

Having been on both sides of a camera, acting and working as a T.V. personality and host for various projects, Andy's creative eye is apparent in capturing the reality of some of the greatest talents the world has ever been witness too. His photos and video coverage allow viewers in on intricacies with an intuitive and artistic perspective. Andy has been involved with projects at the Ali center in Louisville, Kentucky and had many opportunities to be side

Andy Dumas & Floyd Mayweather, Jr.

Louisville, Kentucky y tuvo muchas oportunidades de estar al lado de su ídolo, Muhammed Ali. También ha corrido con la suerte de ver y pasar tiempo con leyendas como Alexis Argüello, Roberto Durán, Héctor Camacho, Miguel Cotto, «Sugar» Ray Leonard, George Foreman, Evander Holyfield, Julio César Chávez, Lennox Lewis, Ken Norton, Floyd Mayweather, Jr., Ricky Hatton, Larry Holmes, «Maravilla» Marvin Hagler, Érik Morales, Saúl «Canelo» Álvarez, Tommy Hearns, Mike Tyson y los legendarios entrenadores Russ Anber y Angelo Dundee.

Andy ha permitido que muchos intereses lo orienten a lo largo de su vida. Tiene pasión por las cosas más simples de la vida, pero es polifacético en los temas que le apasionan. Puedes encontrarlo al aire libre haciendo ejercicio, llevando sus límites de acondicionamiento físico a nuevos niveles, leyendo algún guion y trabajando para mejorar sus próximos proyectos. Está concentrado y motivado de una forma que la gente no espera y aquellos que lo conocen bien saben que siempre se desafía a sí mismo al más alto nivel de sus capacidades. Andy vive, trabaja y juega en Kimberley, Ontario, Canadá.

by side with his idol, Muhammed Ali. He has also been fortunate to watch and spend time with such legends as Alexis Argüello, Roberto Duran, Hector Comacho, Miguel Cotto, Sugar Ray Leonard, George Foreman, Evander Holyfield, Julio César Chávez, Lennox Lewis, Ken Norton, Floyd Mayweather, Jr., Ricky Hatton, Larry Holmes, Marvelous Marvin Hagler, Érik Morales, Saúl «Canelo» Álvarez, Tommy Hearns, Mike Tyson and legendary trainers Russ Anber and Angelo Dundee.

Andy has allowed many interests to direct him throughout his life. He has passion for life's simpler things yet is colourful in his passion topics. You can find him outdoors expending energy, pushing his fitness boundaries to new levels, reading a play script and working on perfecting his next projects. He is focused and driven in a way people may not expect and those who know him well, know he always challenges himself to the highest level of his capabilities. Andy lives, works and plays in Kimberley, Ontario, Canada.

Andy Dumas & Muhammad Ali

Andy Dumas & George Foreman

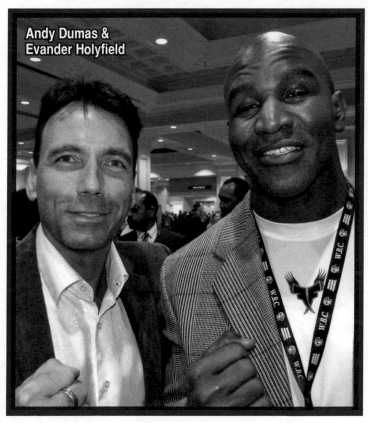

Andy Dumas &
Evander Holyfield

Andy Dumas & Érik Morales

Triple «G» está listo

Triple «G» is ready

ACERCA DEL FOTÓGRAFO
NAOKI FUKUDA

Naoki Fukuda es un fotógrafo galardonado cuyas imágenes de acción aparecen regularmente en la revista *Ring*. A lo largo de los años, Naoki ha documentado miles de peleas y ha capturado varias de las imágenes más espectaculares de algunas de las estrellas más importantes del deporte, incluidos Manny Pacquiao, Floyd Mayweather, Jr., Saúl «Canelo» Álvarez, Miguel Cotto, Gennady Golovkin y muchos más.

«Nací en Japón, y desde los cinco o seis años amé el boxeo. Me interesé por la fotografía gracias a mi abuelo. Él me regaló la cámara réflex de lente única de Pentax cuando estudiaba la primaria.

ABOUT THE PHOTOGRAPHER
NAOKI FUKUDA

Naoki Fukuda is an award winning photographer who's action shots regularly appear in Ring Magazine. Over the years Naoki has documented thousands of fights and has captured some the most compelling images of some the sport's biggest stars, including Manny Pacquiao, Floyd Mayweather Jr., Saúl «Canelo» Álvarez, Miguel Cotto, Gennady Golovkin and countless others.

«I was born in Japan, I always loved boxing since I was five or six years old. I got interested in photography because of my grandfather's influence. My grandfather gave me Pentax's single-lens reflex camera during my elementary school year.

Naoki Fukada

»Yo era un boxeador aficionado, pero no era demasiado fuerte y quería ser fotógrafo, así que comencé a estudiar para eso. Fui a la Universidad. Trabajé para una revista japonesa de boxeo pero quería capturar más peleas. Esta empresa japonesa tenía su propio equipo de fotografía, así que no pude tomar imágenes. Entonces vine a Las Vegas para fotografiar boxeo en 2001. Vine solo por el boxeo. Aunque cubro peleas en todo el mundo, Las Vegas es donde está el boxeo. Los mejores pugilistas vienen aquí a entrenar y pelear. Me encanta fotografiar y boxear».

»I was an amateur boxer but I wasn't too strong and I wanted to be a photographer so I began studying for that. I was a student at a University. I worked for a Japanese Boxing Magazine but I wanted to shoot more fights. This Japanese company had their own photography team so I couldn't shoot. So I came to Las Vegas to shoot boxing in 2001. I came just for boxing. Although I cover fights all over the world, Las Vegas is where boxing is. The best fighters come here to train and fight. I just love photographing and boxing.»

SOBRE FOTOGRAFIAR LAS PELEAS

«Para empezar, es muy difícil conseguir la posición junto al *ring*, ya que todos los fotógrafos compiten fieramente por el mejor lugar. El tamaño del cuadrilátero es muy limitado y solo de diez a catorce fotógrafos pueden obtener una buena posición junto al *ring*. Alrededor de diez fotógrafos, incluidos los de la televisión, la empresa de periódicos local, la empresa de medios de comunicación reconocida y otros, se encuentran en la categoría prioritaria para ocupar el puesto. Por ello, otros fotógrafos —incluyéndome a mí—, debemos competir para obtener la posición restante en el *ring*. A la hora de recibir la acreditación de fotógrafo, me pongo muy nervioso y ansioso por el resultado ya que no sé qué puesto tendré hasta el último minuto. En mi opinión, es más fácil tomar fotos de alta calidad desde la posición junto al *ring* en comparación con la posición superior. Por eso, es muy importante para mí estar en el *ring*.

»Creo que es importante que los fotógrafos comprendan que las fotografías en el boxeo dependen del ritmo para disparar en el momento adecuado. Para lograrlo, lo ideal es que observen tantas peleas como puedan».

La asombrosa habilidad de Fukuda para no perderse nunca un momento clave en una pelea le ha valido el apodo de «el hombre que predice golpes». Naoki analiza cómo se mueven los boxeadores justo antes de sus golpes finales, así como los tipos de golpes utilizados.

«La experiencia me permitió refinar algo, una especie de sentido del olfato, para poder detectar en el ambiente cuándo ocurriría un nocaut, la posición del pie y el tiempo».

ON SHOOTING THE FIGHTS

«To begin with, it is very difficult to get the ringside position since every photographer is being competitive about the spot. The size of the ring is very limited and only ten to fourteen photographers are able to get the ringside position. About ten photographers including the photographers from the TV Station, local newspaper company, well-known media company, and others are in the priority category to be in the position. For this reason, other photographers including myself need to compete with one another to get the remaining ringside position. When it comes to receiving a photographer credential, I become very nervous and anxious about the result since I am not aware about the position that I get until the last minute. In my opinion, it is easier to take high quality photos from the ringside position comparing to the overhead position. Because of this, it is very important for me to be in the ringside.

»I think it is important for the photographers to understand that boxing's all rhythm in order to shoot at the right timing. To do this, it may be a good idea for them to observe as many fights as they can».

Fukuda's uncanny ability to never miss a key moment in a fight has earned him the nickname: «the man who predicts punches.» Naoki would analyze how boxers moved just before their finishing blows as well the types of punches used.

«The experience allowed me to refine something, kind of like a sense of smell, to detect when a knockout would occur based on the atmosphere, foot positioning and timing.»

«El boxeo es un deporte muy complicado, pues hay muchos sacrificios por hacer durante los entrenamientos, así como entre los combates», Juan Manuel Márquez

«Boxing is a very difficult sport and there are a lot of sacrifices that need to be made during training camp, but also in-between fights». Juan Manuel Márquez

CAPÍTULO UNO: ENTRENANDO

Un campeón disfruta el proceso de entrenamiento y crear un cuerpo fuerte, delgado y saludable para que cada movimiento se ejecute a la perfección. La voluntad de prepararse mental y físicamente marca la diferencia. La cantidad de sudor que estos atletas dejan en su deporte, las carreras matutinas, las agotadoras sesiones de *sparring*, los ejercicios de concentración con guantes y el trabajo con el saco demuestran su increíble pasión por el boxeo.

Los campeones llegan al campo de entrenamiento bien preparados y con un alto nivel de condición físi-

CHAPTER ONE: TRAINING

A champion takes pleasure in the process of the training and creating a strong, lean, healthy body so every movement is executed with perfection. The will to prepare mentally and physically makes all the difference. The sweat equity these athletes put into their sport, the early morning runs, grueling sparring sessions, focus mitt drills and bag work demonstrate their incredible passion for boxing.

Champions arrive at training camp well-conditioned and with a high fitness level. They have continued with a workout regimen between

Nonito Donaire, entrenando con la cuerda de batalla

Nonito Donaire, Battle Rope Training

**Saúl «Canelo» Álvarez
con la pera loca**

**Saúl «Canelo» Álvarez on the
double-end bag**

ca. Han seguido un régimen de ejercicios entre campamentos y tienen un estilo de vida activo y sano. Un campo de entrenamiento promedio es de ocho a doce semanas y, en algunos casos, los boxeadores tienen un entrenador de boxeo y un entrenador de fuerza / acondicionamiento. El entrenamiento está diseñado específicamente para mejorar las fortalezas individuales del boxeador y aminorar sus debilidades. Se desarrolla e implementa un plan de ataque para lidiar con el estilo de boxeo de su oponente.

«Hago todo lo que tengo que hacer para enseñar y luego acondicionar. Para mí, hay dos niveles de entrenamiento de un pugilista. Hay cosas que tienes que hacer para acondicionar a un luchador y otras cosas que tienes que hacer para enseñarle a un pugilista. Y cuando llegas a un nivel en el que el boxeador tiene habilidades bastante buenas, entonces

camps and have an active, clean lifestyle. An average training camp is eight to twelve weeks and in some cases the boxers have both a boxing trainer and a strength/conditioning trainer. Training is specifically designed to enhance the boxer's individual strengths and improve upon their weaknesses. A game plan is developed and implemented for dealing with their opponent's style of boxing.

«I do whatever I have to do to teach and then condition. To me there are two levels of training a fighter. There are things you have to do to condition a fighter. There are things you have to do to teach a fighter. And when you get to a level that the fighter has the skills down pretty darn good then you are able to implement that into great physical work whether it be the bag, the

Marcos Maidana - shadow boxing

Marcos Maidana - boxeo de sombra

puedes implementar eso en un gran trabajo físico, ya sea con el costal, las almohadillas o el combate, llevando el trabajo a un nivel totalmente diferente».
—Russ Anber

«Antes de cada pelea, el boxeador ambicioso seguirá extensos regímenes de entrenamiento, tanto físico como mental. Los compañeros de entrenamiento son seleccionados tácticamente por el cuer-

pads or sparring, taking the work to a totally different level.»
—Russ Anber

«Before each bout, the ambitious boxer will follow extensive training regimes, both physical and mental. Sparring partners are selected tactically by the coaching staff to duplicate the skills and style of upcoming opponents. Thus, part of

Robert Guerrero

«He entrenado en todo el mundo; Japón, Panamá y Reino Unido. Tengo un currículum de boxeo muy completo», Jorge Linares

«I have trained all over the world, from Japan to Panamá, to UK. I have a well-rounded boxing curriculum». Jorge Linares

po técnico para mejorar las habilidades y el estilo de los próximos oponentes. Por lo tanto, parte de la confianza en sí mismo del atleta en términos de preparación se construye en el *ring* de entrenamiento».
—Robert J. Schinke

«Para mí no existe un buen gimnasio de boxeo, solo hay buenos entrenadores. Puedes tomar los mejores entrenadores, ponerlos en un garaje con un cuadrilátero, un par de costales y producir pugilistas. No puedes tener el gimnasio de alta tecnología más hermoso de 3000 m² y tener malos entrenadores y llamarlo un buen gimnasio».
—Russ Anber

the athlete's self-confidence in terms of preparedness is built in the training ring.»
—Robert J. Schinke

«To me there is no such thing as a good boxing club there is only good coaches. You can take the best coaches, put them in a garage with a ring a couple of heavy bags and produce fighters. You can never have the most beautiful 10,000 square-foot high tech-gym and have bad coaches and call it a good gym.»
—Russ Anber

«Siempre me divierto en el entrenamiento y en el boxeo. Creo que es porque el boxeo es mi pasión».
—Manny Pacquiao

«I'm always having fun in training and in boxing. I think it's because boxing is my passion.»
—Manny Pacquiao

Floyd Mayweather, Jr. lands a right during sparring

Floyd Mayweather, Jr. conecta un recto de derecha durante el *sparring*

Saúl «Canelo» Álvarez works the heavy bag

Saúl «Canelo» Álvarez golpeando el costal

«Mucha sangre y toneladas de sudor. Se recorrieron muchas millas, se hicieron miles de *rounds*, ninguno fue fácil y nunca me dieron nada. Me gané todo lo que obtuve a la antigua».
—Robert Guerrero

«Lots of blood, and tons of sweat. Many miles were traveled, thousands of rounds sparred, none were easy and nothing was ever given to me. I earned everything I got the old fashioned way.»
—Robert Guerrero

15 CUALIDADES DE UN CAMPEÓN

1. Respeto a ti mismo
2. Deseo de aprender y mejorar
3. La voluntad de ganar
4. Autodisciplina
5. Autocontrol
6. Perseverancia competitiva
7. Trabajo duro y fuerza de voluntad para lograr objetivos

15 QUALITIES OF A CHAMPION

1. Self respect
2. A desire to learn and improve
3. The will to win
4. Self-discipline
5. Self control
6. Competitive perseverance
7. Hard work and willpower to achieve goals

Manny Pacquiao y Freddie Roach trabajan con las manoplas

Manny Pacquiao and Freddie Roach work on the mitts

Robert Guerrero – entrenando con la pera   **Robert Guerrero – Speed bag training**

8. Capacidad de concentrarse y actuar bajo presión

9. Resistencia y perseverancia para recuperarse de la derrota

10. Capacidad para responder rápidamente al estilo de un oponente

11. Uso de todo el cuadrilátero

12. Habilidad para lanzar golpes con rapidez y precisión

8. The ability to focus and perform under pressure

9. The resilience and perseverance to rebound from defeat

10. Ability to respond to an opponent's style quickly

11. Use of the entire ring

13. Mantenerse alejado de las cuerdas y fuera de las esquinas
14. Buen uso de movimientos defensivos para evitar golpes
15. Demostración de deportivismo y juego limpio

12. Ability to deliver the punches with speed and accuracy
13. Staying off the ropes and out of corners
14. Good use of defensive moves to avoid punches
15. Demonstration of sportsmanship and fair play

Floyd Mayweather, Jr., golpea el chaleco protector

Floyd Mayweather, Jr. pounds the body sheild

Trabajando el *jab*

Working the jab

José Nieves pounds
the heavy bag

José Nieves golpeando
el costal

«Este es el juego del boxeo y todos saben que debes tener confianza para estar en él», Deontay Wilder

«This is the fight game and everybody knows that you need to have confidence to be in it», Deontay Wilder

«To be the best you have to work overtime», Floyd Mayweather, Jr.

«Para ser el mejor hay que trabajar horas extras», Floyd Mayweather, Jr.

Yonnhy Pérez

«You train hard and I'll train hard, and may the best man win, and good luck to both of us», Manny Pacquiao

«Entrenemos fuerte, que el mejor gane y que ambos tengamos suerte», Manny Pacquiao

El promotor Don King y una amiga

Fight Promoter Don King and friend

CAPÍTULO DOS: PRENSA-MEDIOS

«No estoy en este deporte para ver qué tan fuerte me pueden golpear o cuántos buenos golpes puedo recibir. Estoy en este deporte para luchar tanto como pueda. Estoy tratando de propinar la mayor cantidad de golpes».
—Floyd Mayweather, Jr.

CHAPTER TWO: PRESS-MEDIA

«I'm not in this sport to see how hard I can get hit or to see how many big punches I can take. I am in this game to fight as long as I can. I am trying to dish a lot of punishment.»
—Floyd Mayweather, Jr.

Floyd Mayweather, Jr. & Miguel Cotto

«El boxeo ha regresado a su máxima popularidad en muchos años. Y es gracias a tanto talento en todo el mundo, y en muchas divisiones diferentes; el boxeo femenino es una realidad y está en gran forma en muchos países. Hay diferentes esfuerzos para llevarlo a sus principios, muchas personas en todo el mundo trabajan por amor al deporte, reciben el apoyo de varias cadenas de televisión —el boxeo se transmite en la televisión gratuita en muchos países—, pero también gracias a su propia naturaleza. El boxeo es el deporte de la gente».

—Mauricio Sulaimán, presidente del CMB

Michael Buffer

Óscar de la Hoya

«Boxing is back at its highest popularity in many years. There is so much talent all over the world and in many different divisions and female boxing is a reality and is in great shape in many countries. Different efforts to bring it to basics, many people around the world working for the love of the sport, support by many tv networks, boxing on free tv in many countries, but also because of its nature itself. Boxing is the people's sport.»

—Mauricio Sulaimán WBC President

Floyd Mayweather. Jr.

Óscar de la Hoya & Saúl «Canelo» Álvarez

Jimmy Lennox, Jr.

Floyd Mayweather, Jr.

Nonito Donaire & Guillermo Rigondeaux

Floyd Mayweather, Jr.

Manny Pacquiao

Floyd Mayweather, Jr. vs. Manny Pacquiao

Floyd Mayweather, Jr. ganó más de $200 millones por esta pelea, mientras Manny Pacquiao obtuvo $120 millones por este combate

Floyd Mayweather would earn well over $200 million from this fight while Manny Pacquiao earned impressive $120 million from his nights work

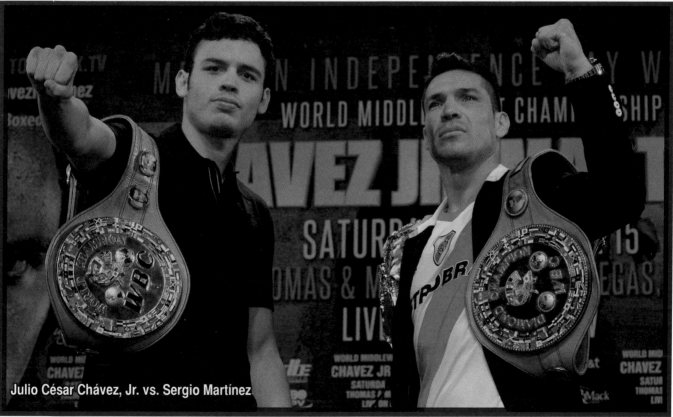

Julio César Chávez, Jr. vs. Sergio Martínez

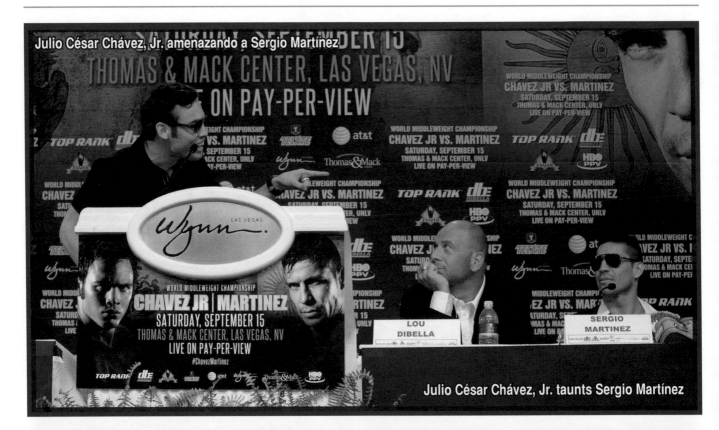

Julio César Chávez, Jr. amenazando a Sergio Martínez

Julio César Chávez, Jr. taunts Sergio Martínez

Manny Pacquiao & Timothy Bradley

Floyd Mayweather, Jr. & Marcos Maidana

Manny Pacquiao

Floyd Mayweather, Jr. vs.
Saúl «Canelo» Álvarez

CAPÍTULO TRES:
CARA A CARA - EL PESAJE

El cara a cara es una tradición consagrada en el boxeo. Los peleadores se miran ojo a ojo solo unas horas antes del gran combate.

En la década de 1970, Muhammad Ali usaba el pesaje para burlarse de sus oponentes y crear un «revuelo mediático» final antes del enfrentamiento. Los pesajes se convirtieron en un evento en sí mismos, a menudo televisados en vivo por HBO, Showtime y otras cadenas importantes. Es una última oportunidad para que los dos combatientes se enfrenten antes de pelear en el cuadrilátero.

Para un boxeador, controlar el peso es una ciencia en sí misma. Pesarse el día antes de la pelea per-

CHAPTER THREE:
FACEOFF - WEIGH IN

The Faceoff is a time-honored tradition in boxing. Fighters going eyeball to eyeball just hours before the big bout.

Back in the 1970's Muhammad Ali would use the weigh-in to taunt his opponents and create a final «media-buzz» before a match. Weigh-ins became an event in themselves, often televised live by HBO, Showtime and other major networks. It is a final chance for the two combatants to face each other before they do battle in the ring.

For a boxer making weight is a science in itself. Weighing in the day before the fight allows both fighters to properly hydrate, replenish nutrients

Manny Pacquiao vs. Juan Manuel Márquez

mite que ambos peleadores se hidraten adecuadamente, repongan nutrientes y estén físicamente en su mejor momento. El pesaje 24 horas antes de la pelea se implementó en la década de 1980.

«Creo que esa regla se cumplió por necesidad. Tuvieron que aplicarla porque la gente se estaba muriendo y subía al cuadrilátero agotada. Solía haber un momento en que el pugilista luchaba por ganar peso el día de la pelea. Cambió enormemente las probabilidades de apuestas de la pelea, y fue un indicador de que este tipo no iba a ser fuerte, no iba a estar listo. Ahora, se pesan a

and be physically at their best. The 24 hour weigh-in was implemented in the 1980's.

«I think that rule was bore out of necessity. They had to bring it out because people were dying and going into the ring depleted. There used to be a time when fighter struggled to make weight on the day of the fight. It changed the betting odds of the fight immensely, and it was an indicator that this guy was not going to be strong, was not going to be ready. Now, they're having weigh-ins at 1 o'clock in the afternoon the day before a fight, so you're getting more than 24 hours of rehydra-

Gennady Golovkin vs. David Lemieux

Danny García vs. Amir Khan

la 1 en punto de la tarde, el día antes de una pelea, por lo que está recibiendo más de 24 horas de tiempo de rehidratación, que ahora, incluso si un hombre parece muerto en el pesaje, entra al *ring* la noche de la pelea perfectamente bien. Toda la energía se restaura. Y de seguro existe un puñado —y me refiero a unos nada más— de campeones en el boxeo actualmente que podrían pelear en la misma categoría de peso en la que son campeones si el pesaje se realizara el mismo día. Pero no hay un tipo en este momento que sea un campeón legítimo en la categoría de peso que está,

tion time, that now even if a guy looks dead at the weigh-in, he comes into the ring the night of the fight, he's perfectly fine. All energy is restored. And there is probably a handful, and I mean one hand, the number of champions that there are in boxing today who could fight in the same weight-class they are champions in if the weigh-in was held on the same day. There is not a legitimate guy right now who is a legitimate champion in the weight class he is, who would be in that weight class if he had to weigh in the same day.»

—Russ Anber

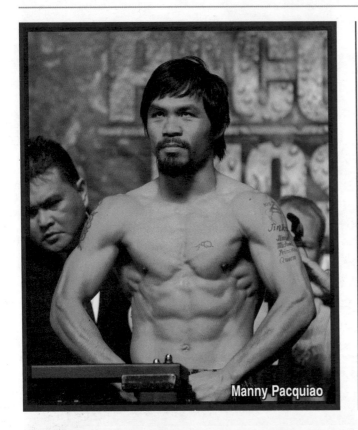

Manny Pacquiao

Timothy Bradley

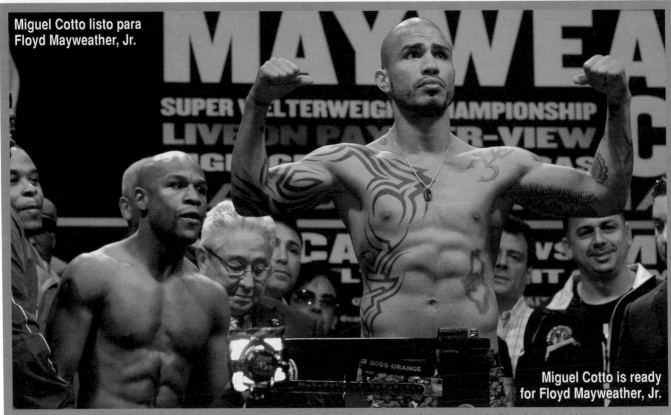

Miguel Cotto listo para
Floyd Mayweather, Jr.

Miguel Cotto is ready
for Floyd Mayweather, Jr.

Julio César Chávez, Jr. vs. Sergio Martínez

Óscar de la Hoya vs. Floyd Maweather, Jr.

Sergio Martínez

ya que no estaría en esa categoría si se tuviera que pesar el mismo día».

—Russ Anber

El presidente del CMB, Mauricio Sulaimán, sobre las 24 horas opinó: «No hay nada más sagrado que la seguridad. Por supuesto, hay algunos ejemplos que se pueden señalar en los que se podría abusar

WBC President Mauricio Sulaimán on the 24 hour weigh in. «There is nothing more sacred than safety . Of course there are a few examples which can be signaled in which the general rule could be abused, but those are very few cases. The reality is that most fighters reduce weight responsibly, we have mandatory 30 and 7 day weigh in to monitor that fighters are not at risk of reducing too

Floyd Maweather, Jr. da el peso

Floyd Maweather, Jr. weighs in

de la regla general, pero esos son muy pocos casos. La realidad es que la mayoría de los pugilistas reducen el peso de manera responsable, tenemos un pesaje obligatorio de 30 y 7 días para monitorear que los boxeadores no corran el riesgo de bajar demasiado en poco tiempo, lo que genera deshidratación, que es el peor enemigo de la seguridad; es lo que trae accidentes fatales».

much in short period of time, which generates dehydration and such is the worst enemy of safety, dehydration is what brings fatal accidents.»

Juan Manuel Márquez

Gennady Gennádievich Golovkin

CAPÍTULO CUATRO: EL GRAN ESPECTÁCULO

El boxeo profesional en su más alto nivel es un deporte de exquisito drama en el que dos atletas de cualidad y habilidad comparables, son sometidos a la prueba máxima de resistencia física, valor y agudeza mental dentro de los confines de un cuadrilátero.

Los grandes boxeadores prosperan en situaciones competitivas y un buen oponente saca lo mejor de ellas.

CHAPTER FOUR: THE BIG SHOW

Professional boxing at its highest level, is a sport of exquisite drama, in which two athletes of comparable skill and ability, are put to the ultimate test of physical endurance, true grit and mental acuity within the confines of a roped ring.

Great boxers thrive in competitive situations, and a good opponent brings out the best in them.

When facing a particularly tough opponent, one taps into previously unknown depths of determi-

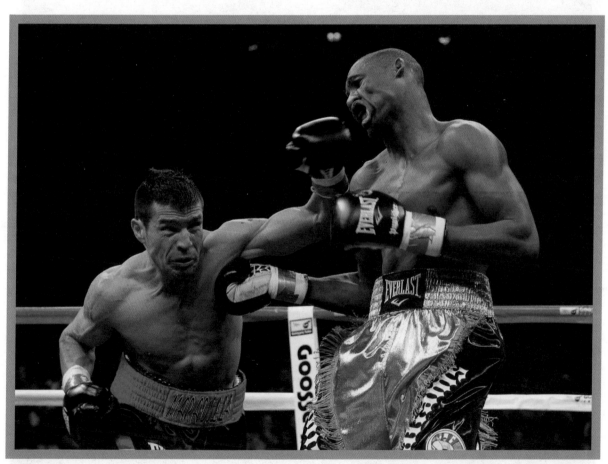

Sergio Martínez vs. Paul Williams

Al enfrentarse a un oponente particularmente duro, uno aprovecha y saca del interior una determinación y esfuerzo previamente desconocidos para poder salir como el vencedor.

nation and effort to satisfy the nearly insatiable desire to emerge as the victor.

It is unrealistic to expect victory in every instance. Losses can be gains, as a good boxer will

No es realista esperar la victoria en todas las peleas. Las derrotas pueden ser ganancias, ya que un buen boxeador aprenderá de la derrota, mejorará su técnica y reconocerá y comprenderá los errores para no repetirlos.

Los campeones muestran integridad atlética. Gracias a su fuerza de carácter, no solo aceptan la adversidad y la presión extrema, sino que abrazan y de hecho tienen sed de ambas, poniéndose a la altura de las circunstancias en el momento de la verdad.

«Cuando dos hombres suben al cuadrilátero, uno y solo uno merece ganar. Cuando subes al *ring*, debes saber que mereces ganar. Debes saber que el destino te debe la victoria, porque entrenaste más duro que tu oponente. Te enfrentaste más duro a tu *sparring*. Corriste más lejos».

—Entrenador Cus D'Amato

learn from defeat, improving his technique and recognizing and understanding mistakes so they are not repeated.

Champions exhibit athletic integrity. Due to their strength of character, they not only accept adversity and extreme pressure, they embrace and indeed thirst for both, rising to the occasion at the moment of truth.

«When two men step into the ring, one and only one deserves to win. When you step into the ring, you gotta know you deserve to win. You gotta know destiny owes you victory, cause you trained harder than your opponent. You sparred harder. You ran farther.»

—Trainer Cus D'Amato

WBC President, Mauricio Sulaimán & Miguel Cotto

Mauricio Sulaimán, presidente del CMB y Miguel Cotto

EL ARTE DEL *JAB*

El *jab*: «Es un cliché, pero cierto; en el cuadrilátero todo funciona desde el *jab*. Lo usas como un palo para mantener a raya a tu oponente, y lo usas para entrar y lanzar combinaciones. La clave para un gran *jab* es primero asegurarse de que estás en posición de lanzarlo, lo que para los diestros significa que su pie izquierdo está dentro de los pies de su oponente y que su cuerpo está en ángulo, como una espada que no está en escuadra».
—Angelo Dundee, legendario entrenador

THE ART OF THE JAB

The Jab: «It is a cliche but true; in the ring, everything works off of the jab. You use it like a stick to keep your opponent at bay, and you use it to get inside and throw combinations. The key to a great jab is first to make sure that you are in position to throw it —which for righties means— your left foot is inside your opponents feet and that your body is at an angle —like a blade not squared up.»
—Legendary Trainer Angelo Dundee

«Canelo» vs. Trout. «No le temo a nadie. No estamos en este deporte para jugar», Saúl «Canelo» Álvarez

«Canelo» vs. Trout. «I don't fear anyone. We don't come to play in this sport». Saúl «Canelo» Álvarez

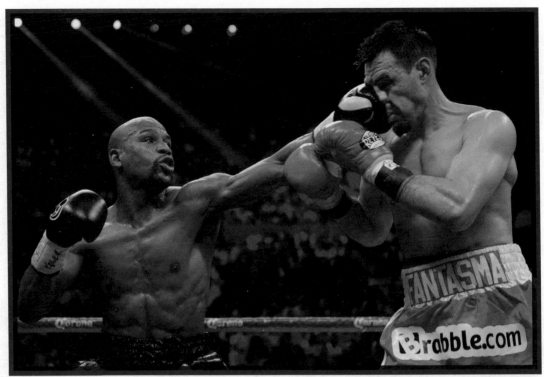

Mayweather conecta un *jab* de izquierda a Robert Guerrero

Mayweather nails Robert Guerrero with a left jab

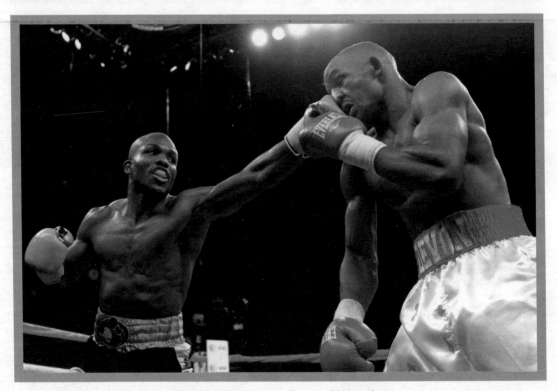

Timothy Bradley vs. Devon Alexander

Keith Thurman vs. Orlando Lora

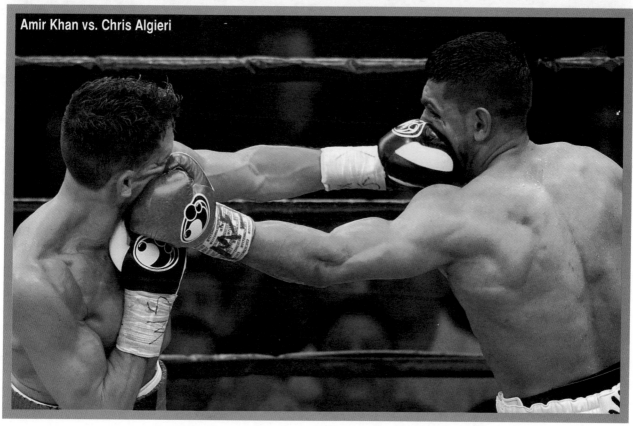

Amir Khan vs. Chris Algieri

«El cuadrilátero es un lugar frío donde la verdad sale a flote», Andre Berto

«The Ring is a cold place where the truth comes out», Andre Berto

GOLPES AL CUERPO

«Los golpes al cuerpo no están exentos de riesgos. Son caros de lanzar y difíciles de asestar. Por caro, me refiero a que te dejan descubierto para los *counters*. Sin embargo, un ataque al cuerpo decidido y preciso puede frenar incluso al oponente más rápido y romper una voluntad aparentemente férrea».

—Matthew Swain

BODY SHOTS

«Body punches are not without risk. They're expensive to throw and they're hard to score. By expensive, I mean that they leave you open for counters. However, a determined and accurate body attack can slow down even the most fleet-footed opponent, and break a seemingly iron will.»

—Matthew Swain

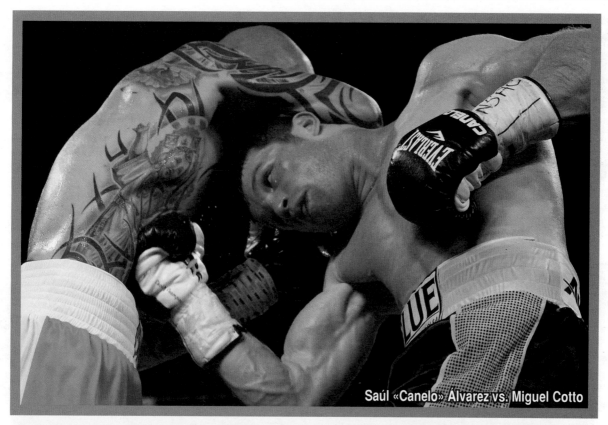

Saúl «Canelo» Álvarez vs. Miguel Cotto

Floyd Mayweather, Jr. vs. Marcos Maidana

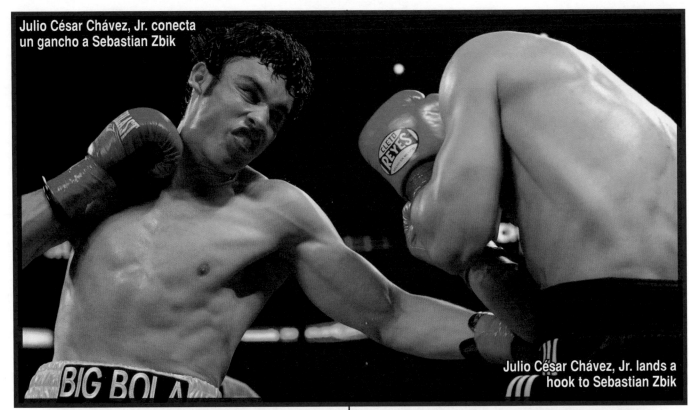

Julio César Chávez, Jr. conecta un gancho a Sebastian Zbik

Julio César Chávez, Jr. lands a hook to Sebastian Zbik

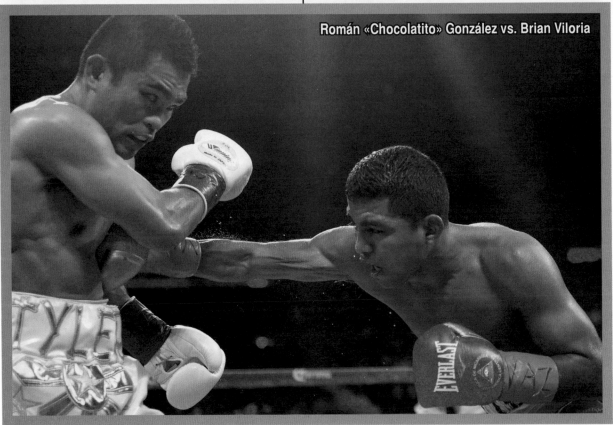

Román «Chocolatito» González vs. Brian Viloria

Juan Manuel Márquez triumphs over Mike Alvarado

Triunfo de Juan Manuel Márquez sobre Mike Alvarado

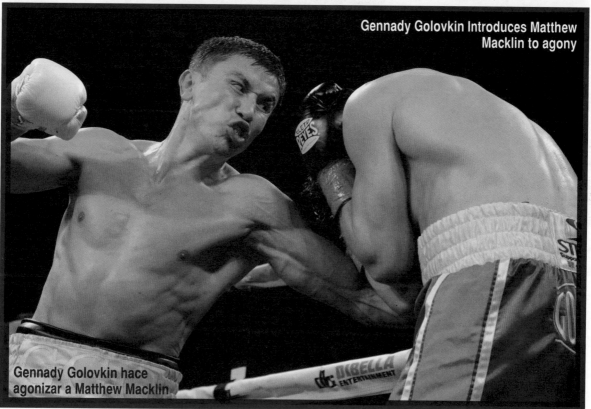

Gennady Golovkin Introduces Matthew Macklin to agony

Gennady Golovkin hace agonizar a Matthew Macklin

CASTIGO

«Siempre quiero ganar de manera espectacular. Ese es mi objetivo cada vez que subo al cuadrilátero».
— Saúl «Canelo» Álvarez

PUNISHMENT

«I always want to win in spectacular fashion. That is my goal every time I step into the ring.»
— Saúl «Canelo» Álvarez

Erislandy Lara routs Austin Trout

Erislandy Lara derrota a Austin Trout

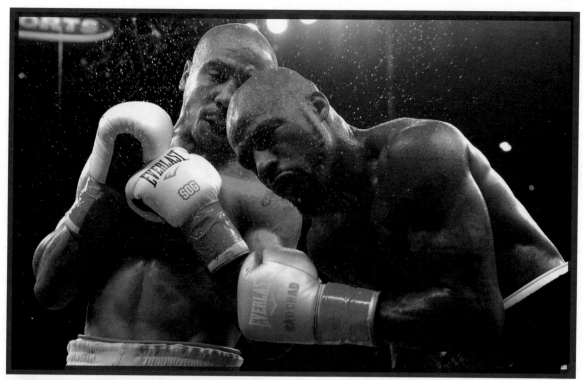

«Cada boxeador es mi más grande desafío. Al terminar una pelea, el siguiente desafío es aún mayor», Andre Ward

«Every fighter is my toughest challenge to date. After I get done with one fight, the next challenge is the toughest», Andre Ward

Gennady «GGG» Golovkin vs. Willie Monroe, Jr.

Lucas Matthysse lands a right on Ruslan Provodnikov

Lucas Matthysse coecta un recto de derecha a Ruslan Provodnikov

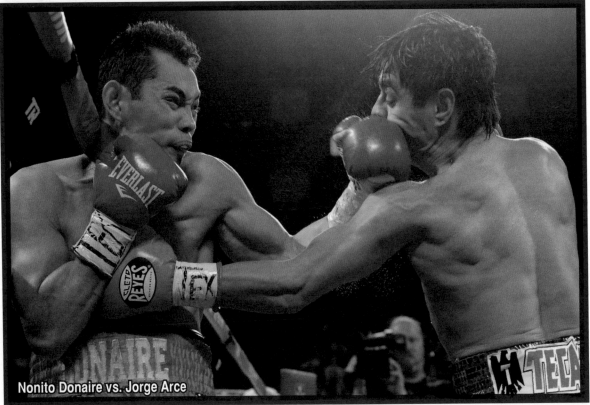

Nonito Donaire vs. Jorge Arce

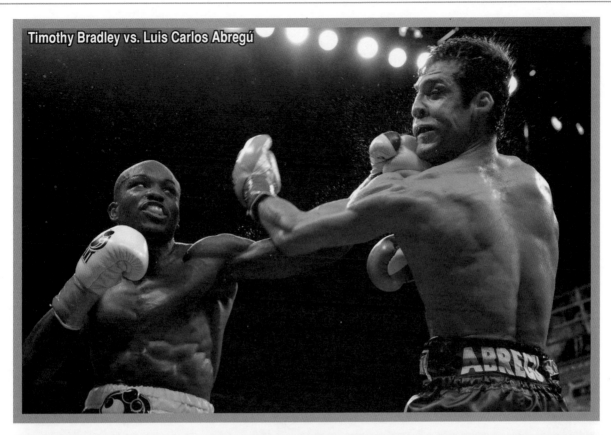

Timothy Bradley vs. Luis Carlos Abregú

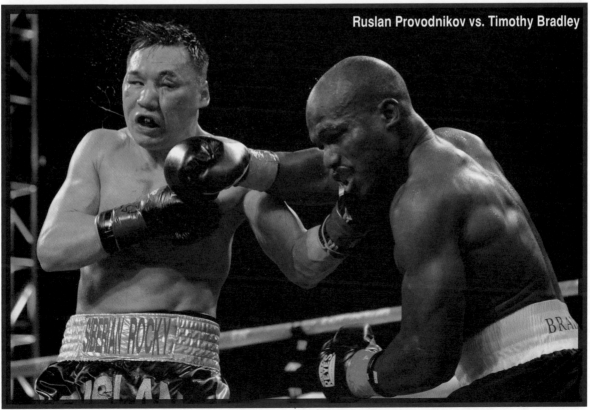

Ruslan Provodnikov vs. Timothy Bradley

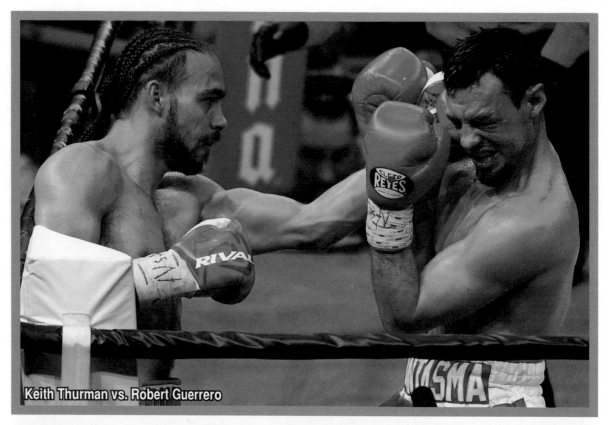

Keith Thurman vs. Robert Guerrero

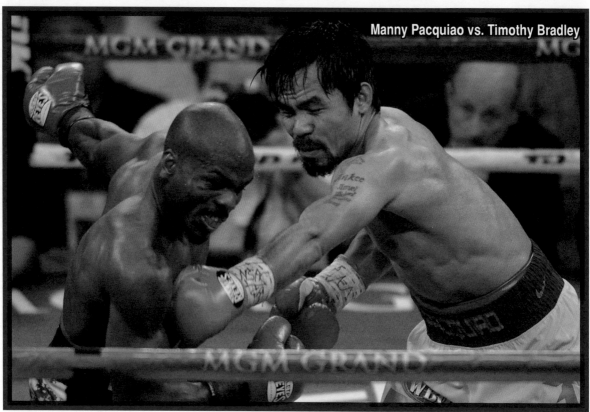

Manny Pacquiao vs. Timothy Bradley

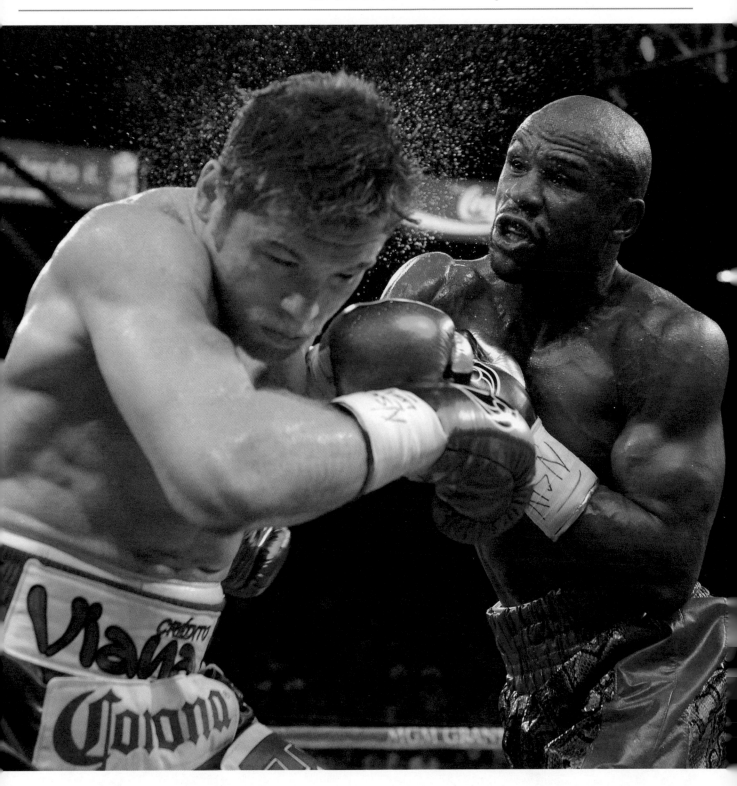

«Si peleas enojado, cometes muchos errores; y cuando enfrentas a un peleador ingenioso como yo, no puedes cometer errores», Floyd Mayweather, Jr.

«If you fight angry, you make a lot of mistakes, and when you fight a sharp witty fighter like me, you can't make mistakes», Floyd Mayweather, Jr.

GOLPES DE PODER

«El cuadrilátero es un lugar frío donde la verdad sale a relucir».
—Andre Berto (Castigo)

POWER SHOTS

«The Ring is a cold place where the truth comes out.»
—Andre Berto (Punishment)

Juan Manuel Márquez conecta un recto de derecha a la barbilla de Manny Pacquiao durante su tercera pelea

Juan Manuel Márquez crashes a right to the chin of Manny Pacquiao in their 3rd fight

Brandon Ríos vs. Mike Alvarado

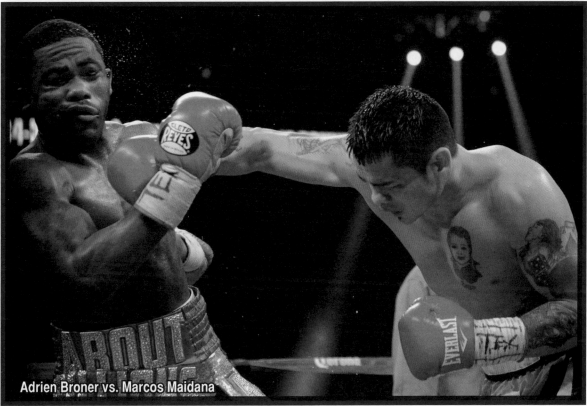

Adrien Broner vs. Marcos Maidana

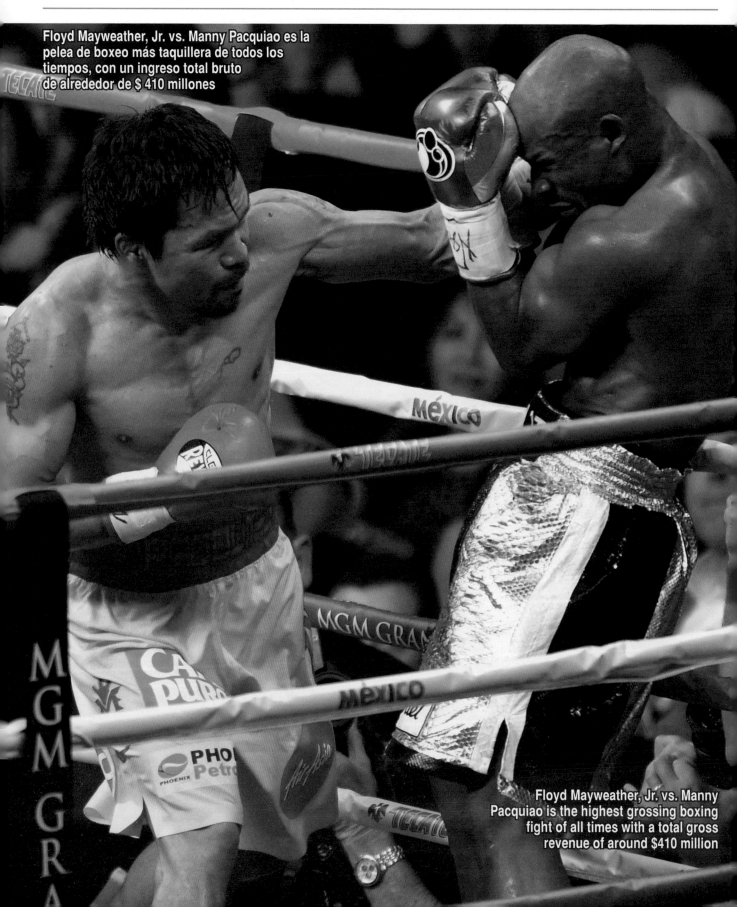

Floyd Mayweather, Jr. vs. Manny Pacquiao es la pelea de boxeo más taquillera de todos los tiempos, con un ingreso total bruto de alrededor de $ 410 millones

Floyd Mayweather, Jr. vs. Manny Pacquiao is the highest grossing boxing fight of all times with a total gross revenue of around $410 million

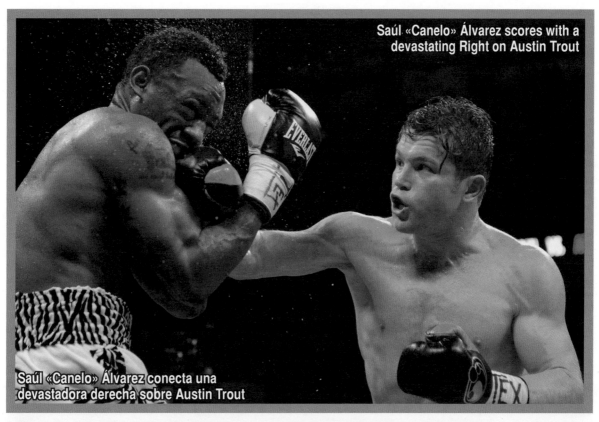

Saúl «Canelo» Álvarez scores with a devastating Right on Austin Trout

Saúl «Canelo» Álvarez conecta una devastadora derecha sobre Austin Trout

Manny Pacquiao vs. Timothy Bradley

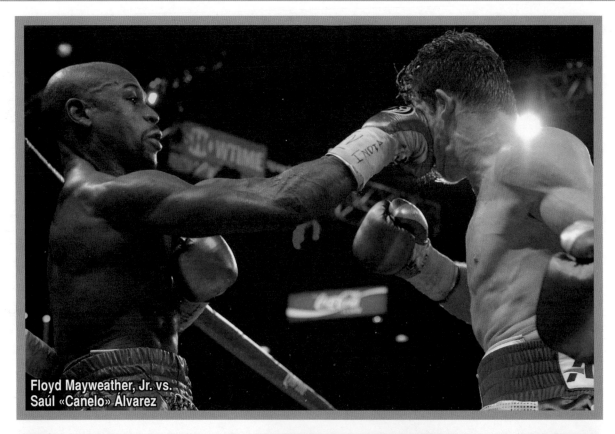

Floyd Mayweather, Jr. vs. Saúl «Canelo» Álvarez

Óscar de la Hoya vs Ricardo Mayorga

Sergio Martínez Stops Matthew Macklin in 11 rounds

Sergio Martínez detiene la pelea contra Matthew Macklin en el episodio 11

Bryant Jennings vs. Wladimir Klitschko

NOCAUT

«Un nocaut puede ser un caos cuando un pugilista es separado de sus sentidos y deseo.

»El boxeo es feo y es hermoso. Más que nada, llegó para quedarse. La "dulce ciencia" nunca se va a ir».

—Connor Ruebush

«Cada vez que me subo al cuadrilátero busco ganar por nocaut. No se nos paga por tiempo extra».

—Keith Thurman

KNOCKOUT

«A knockout can be chaos, when a man is separated from his senses and desire.

»Boxing is ugly and it is beautiful. More than anything, it's here to stay. The Sweet Science isn't going anywhere.»

—Connor Ruebush

«Every single time I step into the ring I'm looking for the knockout. We don't get paid for overtime.»

—Keith Thurman

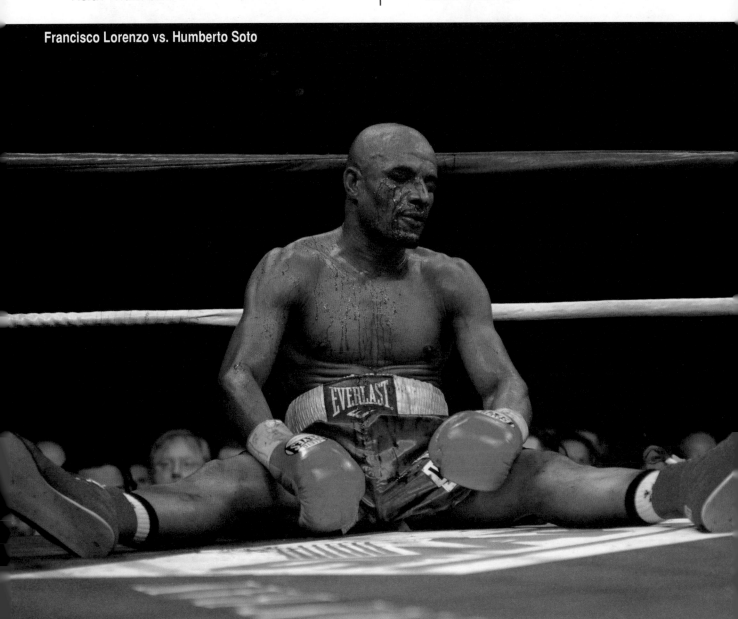

Francisco Lorenzo vs. Humberto Soto

Anthony Ferrante celebrating his victory over Issa Akberbayev

Anthony Ferrante celebra su triunfo sobre Issa Akberbayev

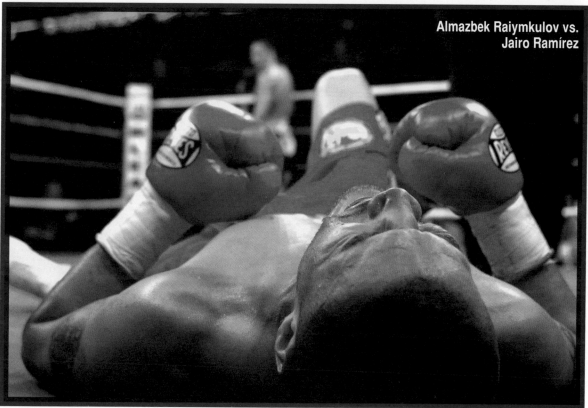

Almazbek Raiymkulov vs. Jairo Ramírez

Andre Berto defeats Josesito López via 6th round TKO

Andre Berto vence a Josesito López por TKO en el 6º episodio

Saúl «Canelo» Álvarez noquea a James Kirkland

Saúl «Canelo» Álvarez knocks out James Kirkland

La derecha de Márquez entró varias veces sobre Pacquiao

Márquez's right cross found Pacquiao several times

Y cayó Pacquiao

Down goes Pacquiao

Danny García bulldozed rival Rod Salka

Dany García arrasa con su rival Rod Salka

Gennady Golovkin vs. David Lemieux

Juan Manuel Márquez
vs. Juan Díaz

Keith Thurman venció a Diego Chaves en
el 10º round con golpes al cuerpo

Keith Thurman stopped Diego Chaves in
the 10th round with a body shot

Lucas Matthysse conecta de derecha a Humberto Soto

Lucas Matthysse lands a right hand Humberto Soto

Manny Pacquiao vs. Érik «El Terrible» Morales

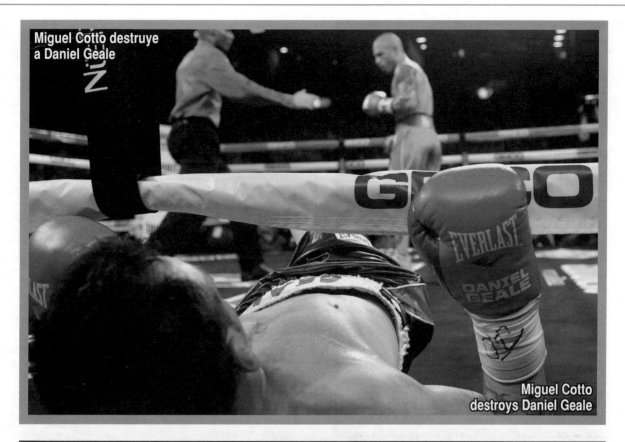

Miguel Cotto destruye a Daniel Geale

Miguel Cotto destroys Daniel Geale

Nonito Donaire vs. Manuel Vargas

Cory Spinks queda entre las cuerdas noqueado en el 5º. asalto ante Cornelius Bundrage

Cory Spinks goes through the ropes before a fifth-round TKO by Cornelius Bundrage

CHICAS DEL *RING*

El promotor de peleas británico Frank Warren comenta: «Las chicas del *ring* brindan un servicio. Tienen una función claramente definida y son recompensadas por su trabajo. Si te ofende, simplemente no las mires. Para eso está el botón de encendido y apagado».

«Las chicas con los carteles del *ring* realizan un trabajo que han hecho durante muchos, muchos años, que es dejar que la gente sepa qué episodio se avecina. Es parte del espectáculo».

—Eddie Hearn, promotor de boxeo

RING GIRLS

British fight promoter Frank Warren «Ring girls provide a service. They have a clearly defined function and are rewarded for their work. If it offends you, just don't watch it. That is what the on-off button is for.»

«The ring card girls are actually doing a job which they've done for many, many years which is letting people know what round is coming up. It's part of the show.»

—Boxing promoter Eddie Hearn

ESPÍRITU GANADOR

«Soy un guerrero y lucharé con todo lo que tengo. Pones tu vida en juego cuando peleas en el *ring*. Después de todo el entrenamiento, estoy dispuesto a entregarme por completo allí y nunca me rendiré».
—Nonito Donaire

WINNING SPIRIT

«I am a warrior and I'll fight with everything I've got. You put your life on the line when you fight in the ring. After all the training I am willing to give everything in there and I will never give up.»
—Nonito Donaire

Manny Pacquiao

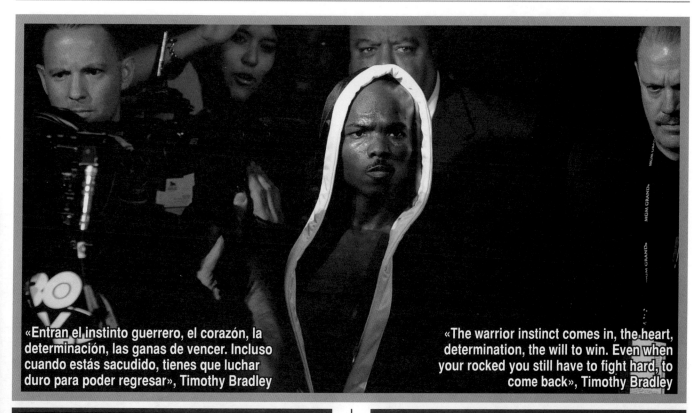

«Entran el instinto guerrero, el corazón, la determinación, las ganas de vencer. Incluso cuando estás sacudido, tienes que luchar duro para poder regresar», Timothy Bradley

«The warrior instinct comes in, the heart, determination, the will to win. Even when your rocked you still have to fight hard, to come back», Timothy Bradley

«Every single time I step into the ring I'm looking for the knockout. We don't get paid for overtime», Keith Thurman

«Cada vez que subo al cuadrilátero, busco ganar por nocaut. No nos pagan por tiempo extra», Keith Thurman

Andre Berto con su cara de pelea

Andre Berto has his fight face on

Floyd Mayweather, Jr.

Gennady «GGG» Golovkin

Miguel Cotto

Julio César Chávez, Jr.

Mikey García

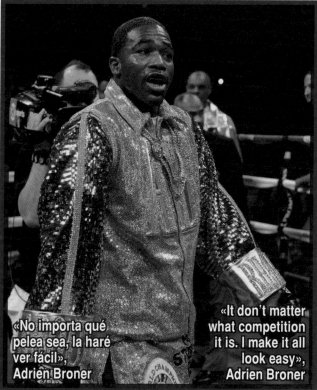

«No importa qué pelea sea, la haré ver fácil», Adrien Broner

«It don't matter what competition it is. I make it all look easy», Adrien Broner

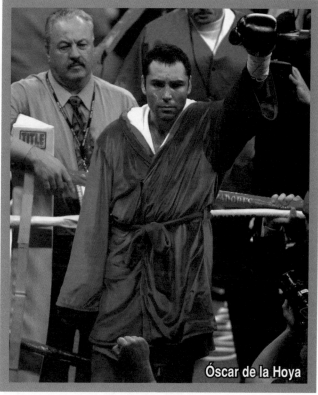

Óscar de la Hoya

Robert Guerrero

Paul Williams

Roy Jones, Jr.

Sergio Martínez

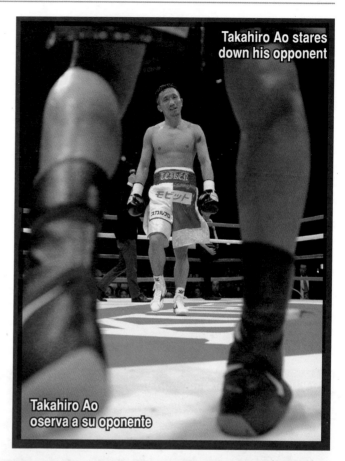

Takahiro Ao stares down his opponent

Takahiro Ao oserva a su oponente

Román «Chocolatito» González

«La fortaleza mental es esencial y, de hecho, la mayoría de los entrenadores de boxeo de élite que conozco, han dicho que habla del desempeño en el cuadrilátero. En el éxito, el boxeador bien preparado mental y emocionalmente dicta el ritmo del combate, controla el centro del *ring* y sí, también controla las tácticas del oponente».
—Robert J. Schinke

«Un campeón es alguien que puede sobreponerse en una pelea, alguien que puede regresar después de una derrota. Un campeón es alguien que se hace más fuerte, más rápido e inteligente frente a un desafío».
—Dr. Christy Halbert

«Mental strengths are essential, and in fact, most every elite boxing coach I know has indicated that they are telling of ring performance. In success, the mentally and emotionally well prepared boxer dictates the pace of the bout, controls the center of the ring, and yes, he also controls the opponent's tactics.»
—Robert J. Schinke

«A champion is someone who can comeback in a bout, someone who can come back after a defeat. A champion is someone who makes himself or herself stronger, faster and smarter in the face of a challenge.»
—Christy Halbert Ph.D.

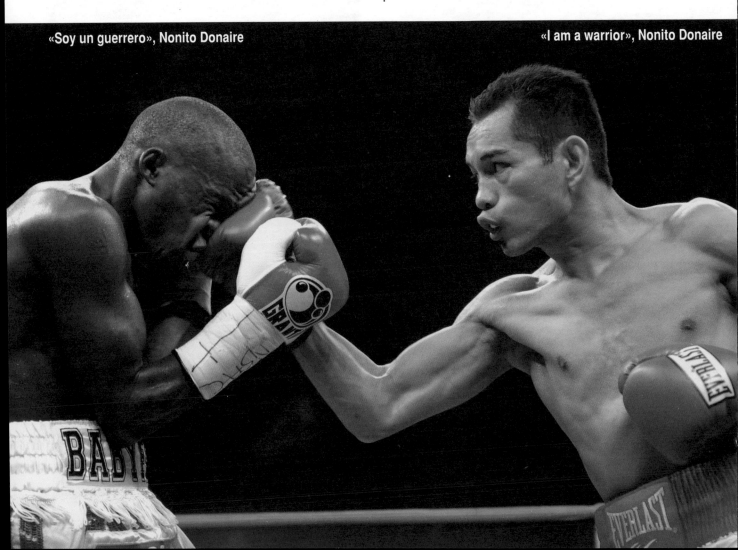

«Soy un guerrero», Nonito Donaire

«I am a warrior», Nonito Donaire

TRIUNFO

«El instinto guerrero entra en juego, el corazón, la determinación, la voluntad de ganar. Incluso cuando estás sacudido, todavía tienes que luchar duro para regresar».
　　—Timothy Bradley

TRIUMPH

«The warrior instinct comes in, the heart, determination, the will to win. Even when your rocked you still have to fight hard, to come back.»
—Timothy Bradley

Brandon Ríos vs. Mike Alvarado

Saúl «Canelo» Álvarez wins

Saúl «Canelo» Álvarez gana

«Todo lo que poseo se lo debo al boxeo, y eso nunca lo olvidaré», Óscar de la Hoya

«Everything I have in this world, I owe to the sport of boxing, and I won't ever forget that», Óscar de la Hoya

Miguel Cotto wins

Miguel Cotto gana

Andre Berto

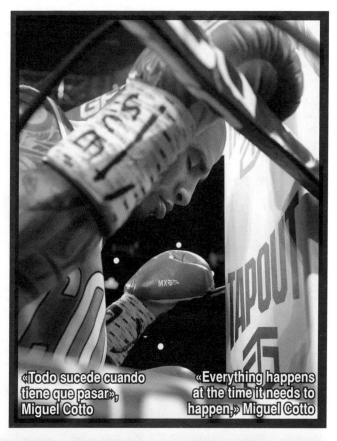

«Todo sucede cuando tiene que pasar», Miguel Cotto

«Everything happens at the time it needs to happen,» Miguel Cotto

Danny García vs. Lucas Matthysse

Danny García

Deontay Wilder

Drian Francisco cuelga de las cuerdas para mantenerse en pie al final de su pleito con Chris Ávalos en Las Vegas

Drian Francisco is hanging by the ropes to stay on his feet at the end of his fight with Chris Ávalos in Las Vegas

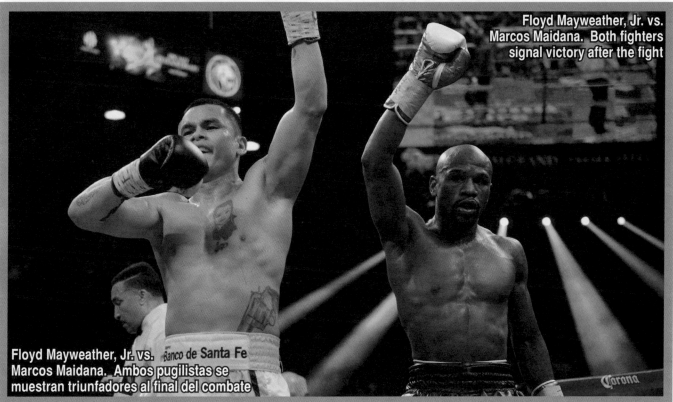

Floyd Mayweather, Jr. vs. Marcos Maidana. Both fighters signal victory after the fight

Floyd Mayweather, Jr. vs. Marcos Maidana. Ambos pugilistas se muestran triunfadores al final del combate

Gabriel Rosado looks on as Peter Quillin celebrates cut stoppage in the 9th round

Gabriel Rosado observa mientras Peter Quillin celebra la detención por corte en el 9º asalto

Floyd Mayweather, Jr.

GGG

Lucas Matthysse vs. John Molina

Manny Pacquiao

Juan Manuel Márquez

Floyd Mayweather, Jr. – Respeto

Floyd Mayweather, Jr. – Respect

«All those who are around me are the bridge to my success, so they are all important», Manny Pacquiao

«Todos los que me rodean son el puente hacia mi éxito, por lo que todos son importantes», Manny Pacquiao

«From nothing to everything is a long way, from everything to nothing is one stop», Wladimir Klitschko

«Es un largo camino del nada al todo, pero del todo a nada es solo un paso», Wladimir Klitschko

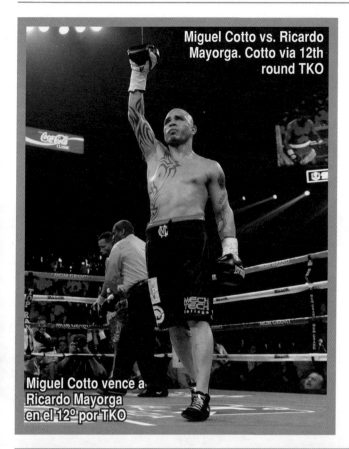

Miguel Cotto vs. Ricardo Mayorga. Cotto via 12th round TKO

Miguel Cotto vence a Ricardo Mayorga en el 12º por TKO

Nonito Donaire

«Los demás campeones no quieren enfrentarme. Ni uno solo», Sergio Martínez

«The other champions don't want to fight me. Every single one», Sergio Martínez

«Me esfuerzo hasta el límite. Me entrego a este oficio».
—Floyd Mayweather, Jr.

«Todos los que me rodean son el puente hacia mi éxito, por lo que todos son importantes».
—Manny Pacquiao

«I push myself to the limit. I dedicate myself to this craft.»
—Floyd Mayweather, Jr.

«All those who are around me are the bridge to my success, so they are all important.»
—Manny Pacquiao

«You're only as good as your last fight. It's just the way things are. It's the way that the sport is built»,
Andre Ward

«Eres tan bueno como tu última pelea. Así son las cosas. Asi fue hecho este deporte»,
Andre Ward

Robert Guerrero

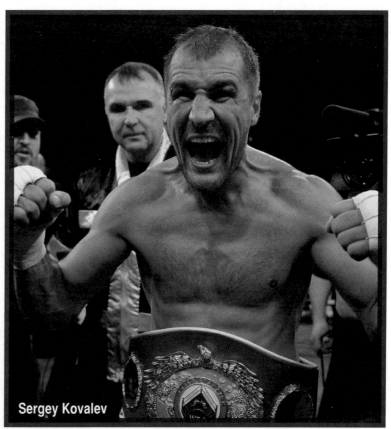

Sergey Kovalev

Román «Chocolatito» González

Vasyl Lomachenko

GGG

Sergio Martínez celebrates his victory over Paul Williams

Sergio Martínez festeja su victoria sobre Paul Williams

DEPORTIVISMO

«Existe un código de conducta no escrito entre los boxeadores que es emocionante de presenciar; se trata del sentido de respeto que los boxeadores se tienen entre sí. Se desarrolla una camaradería extraordinaria entre las personas que boxean, ya sean principiantes o campeones del mundo».

—Dr. Christy Halbert

SPORTSMANSHIP

«There is an unwritten code of conduct among boxers that is thrilling to witness; it is the sense of respect that boxers hold for each other. Extraordinary camaraderie develops among individuals who box whether they are beginners or world champions.»

—Christy Halbert Ph.D.

Saúl «Canelo» Álvarez vs. Amir Khan

Adrien Broner vs. Gavin Rees

Andre Ward vs. Allan Green

Marco Antonio Barrera vs. Juan Manuel Márquez

Lucas Matthysse vs. Ruslan Provodnikov

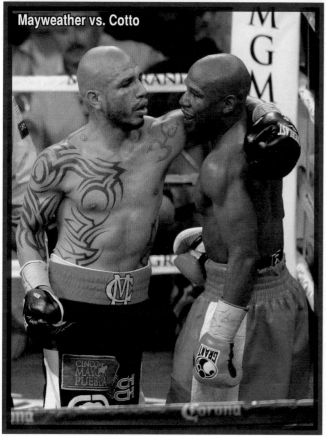

Mayweather vs. Cotto

Paul Williams vs. Nobuhiro Ishida

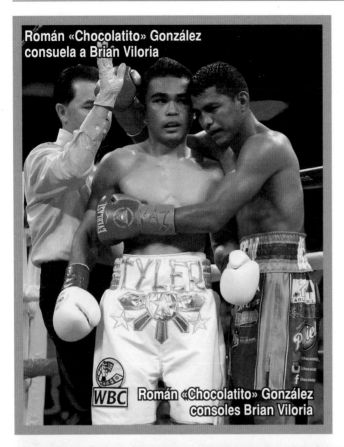

Román «Chocolatito» González consuela a Brian Viloria

Román «Chocolatito» González consoles Brian Viloria

Amir Khan vs. Chris Algieri

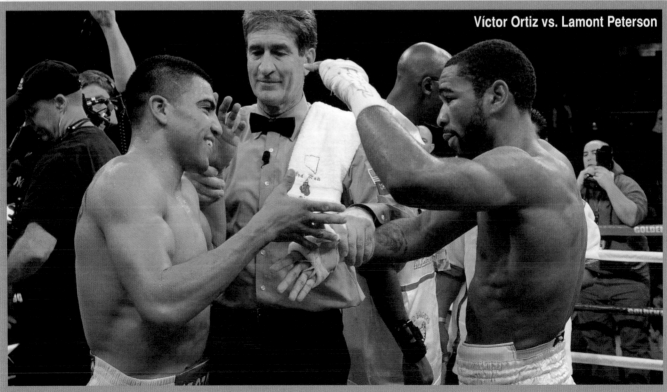

Víctor Ortiz vs. Lamont Peterson

RESPETO

«La gente en la actualidad no tiene respeto por el pasado, por las personas que allanaron el camino para hacer lo que están haciendo hoy y no quieren reconocer a los luchadores del pasado; reconocer su grandeza, sacrificio o el nivel de los pugilistas de ayer porque sienten que eso le quita valor a lo que se dice sobre ellos. Así que es mejor no mencionarlos, mantener a la gente ignorante al respecto, decir que eres el mejor de todos y nunca hacer una comparación con nadie más. Nunca escuchas a un peleador decir: "caray, si pudiera ser la mitad del peleador que fue 'Sugar' Ray Robinson, sería feliz". "Quiero ser genial como 'Sugar' Ray Robinson". "Me

RESPECT

«People now a days have zero respect for the past, for people who paved the way, to make what they're making today and they don't want to honour it because honouring the fighters of the past, recognizing the greatness and the sacrifice and the skill level of the fighters of the past has to diminish what you're saying about yourself and people don't want to do that. So it's better to ignore them, keep the people ignorant about it, say you're the best ever and never bring up a comparison to anybody else. You never hear a fighter say, boy if I could be half the fighter that Sugar Ray Robinson was, I'd be happy. I want to be great like Sugar Ray Robinson.

«Sugar» Ray Leonard, George Foreman, Julio César Chávez, José Sulaimán & Roberto Durán

gustaría llevar mi legado como lo hizo Joe Louis en la división de peso pesado". "Me gustaría hacer lo que hizo Ali en el cuadrilátero y pelear contra los grandes luchadores". Nómbrame un pugilista que oigas decir eso. Nunca lo hacen. No quieren poner el foco en otra persona. Así que nunca honran el pasado, lo dejan y lo ignoran. Le robarán trucos, le robarán cosas, pero lo llaman suyo».

—Russ Anber, entrenador de boxeo

I'd like to carry my legacy like Joe Louis did in the heavyweight division. I would like to do what Ali did in the ring, and fight the great fighters. Name me one fighter you hear say that? They never say that. They don't want to put the spotlight on someone else. So they never honour the past, they leave it and ignore it. They'll steal tricks from it, they'll steal things from it, but they call it their own.»

—Boxing trainer Russ Anber

«Sugar» Ray Leonard, Roy Jones & George Foreman

«Sugar» Ray Leonard & «Marvelous» Marvin Hagler

«Sugar» Ray Leonard y «Maravilla» Marvin Hagler

«Mayweather es un gran boxeador. Creo que es un grande de todos los tiempos. Tiene habilidades sobresalientes. Es un tipo que está a la altura de su mantra de dedicación al trabajo duro, estoy convencido de ello. Pienso que habría sido tan competitivo en cualquier época, si ganó o no es algo diferente, pero ciertamente es competitivo, y es un pugilista muy, muy talentoso».

—Russ Anber, entrenador de boxeo

«Mayweather is a great fighter. I think he is an all-time great. I think he's got outstanding skills. I think he a guy that lives up to his hard work dedication mantra, that part I believe. I think he would have been as competitive in any era, whether he won or not is a different thing, but he's certainly be competitive, and he's a gifted, gifted fighter.»

—Boxing trainer Russ Anber

Muhammad Ali: el mejor de todos los tiempos

Muhammad Ali: Greatest of All Time

EL MEJOR DE TODOS LOS TIEMPOS

¿QUIÉN HA SIDO EL MEJOR?

No hay un ser humano en la tierra que siga el boxeo que responda a esa pregunta con otra cosa que no sea «Sugar» Ray Robinson y, si lo hace, simplemente está loco, o se encuentra delirando; no tiene base para responder porque al mencionarle las cinco veces que fue campeón del mundo y sus 220 peleas profesionales, se acabó la discusión. Punto final. Nadie puede competir con eso. Ni siquiera puedes iniciar un argumento. Puedes decir: «Oh, Manny Pacquiao ganó diez títulos mundiales o la

TBE

WHO'S THE BEST EVER?

You cannot find a human on earth who follows boxing, whoever answers that question with anything other than Sugar Ray Robinson and if they do they're just crazy, like they're delusional, they have no basis for answering it because as soon as you say five-time World Champion and 220 professional fights, the argument's over. It's done. Nobody can compete with that. You can't even make that argument. You can say, «Oh Manny Pacquiao won 10 World Titles or however many fucking World Tit-

Saúl «Canelo» Álvarez

cantidad de malditos títulos mundiales que ganó». Está bien, pero ha tenido 50 peleas, 60 peleas. Robinson, creo, ni siquiera ganó su primer título mundial cuando tuvo muchas peleas. Así que se acabó. Punto final. Nada para nadie. Cuando hablas de Archie Moore y Willie Pep, de Durán, de los muchachos que participaron en cientos de peleas, estás hablando de grandeza, por lo que no puedes ser el mejor de todos cuando no lo has hecho».

—Russ Anber, entrenador de boxeo

les he won.» OK, but he's had 50 fights, 60 fights. Robinson, I think, didn't even win his first World Title when he had that may fights. So it's over. It's done. It's a wash. When you are talking about the Archie Moore's and the Willie Pep's, the Duran's, the guys who went into the hundreds of fights, now you're talking about greatness, so you can't be the best ever when you haven't done that.

—Boxing Trainer Russ Anber

Respeto a los campeones del pasado

Respect to the past Champions

CONCLUSIONES

Cuando un boxeador entra al cuadrilátero deja todo atrás, como si la puerta de su vida normal estuviera cerrada firmemente a sus espaldas. Su enfoque es tan preciso y penetrante que el boxeador es inmune a toda actividad a su alrededor, salvo a su oponente. Mientras dure la pelea, el *ring* es el lugar más solitario de la tierra. El cuadrilátero es la etapa más íntima, dejando al boxeador completamente vulnerable; no hay ningún lugar dónde esconderse, no hay oportunidad de excusas, una persecución en solitario. El boxeador se pone de pie frente a un oponente altamente capacitado y entrenado, cuyo único objetivo es dañar al contrario.

FINAL THOUGHTS

When a boxer steps inside the ropes, he leaves everything else behind, as if the door to his regular life is shut firmly behind him. His focus is so precise and penetrating that the boxer is immune to all activity around him, save his opponent. For the duration of the fight, the ring is the loneliest place on earth. The ring is the most intimate of stages, leaving the boxer completely vulnerable; there is nowhere to hide, no opportunity for excuses, a solo pursuit. The boxer stands, facing a highly skilled and trained opponent whose only goal is to commit mayhem on his person.

Entrada al *ring* de Saúl «Canelo» Álvarez

Saúl «Canelo» Álvarez Ring Entrance

Cada pelea tiene el potencial de ser un punto de inflexión significativo en la vida de un boxeador. Un pugilista debe considerar tantas variables en fracciones de segundo y al mismo tiempo ser consciente de que sus recursos son finitos... el agotamiento inevitablemente se establecerá y el boxeador, no obstante, debe continuar luchando contra su cansancio. Aquí es cuando un verdadero campeón está a la altura de las circunstancias.

El boxeo, que alguna vez fue un antiguo oficio de pugilismo a mano limpia, es ahora una disciplina sofisticada con reglas, decoro y método. Para aquellos que están fuera del círculo del boxeo, un combate de box es un evento deportivo primordial, un espectáculo, puro entretenimiento; de hecho, es un espectáculo popular de Las Vegas. Ningún otro deporte tiene personalidades tan grandes, vívidas y fascinantes.

Todos somos bendecidos con un espíritu interior que nos permite reconocer y apreciar el coraje, la fuerza de voluntad y la determinación de un boxeador. Esas características que aspiramos a mostrar en nosotros mismos se reflejan en los peleadores que tanto admiramos.

Every fight has the potential to be a significant turning point in a boxer's life. A boxer must consider so many variables in fractions of every second while also being cognizant that his resources are finite ... exhaustion will inevitably set in and the boxer must nevertheless continue to fight through his exhaustion. This is when a true champion rises to the occasion.

Boxing, once an ancient craft of bare knuckle pugilism, is now a sophisticated discipline of rules, decorum and method. For those outside the boxing circle, a boxing match is a primal sporting event, a show, pure entertainment; indeed, it is a popular Las Vegas spectacle. No other sport has personalities as large, vivid and engrossing.

We are all blessed with an inner spirit which enables us to recognize and appreciate the courage, willpower and determination of a boxer. Those characteristics which we aspire to display in ourselves are reflected in the fighters we so admire.

Luis Concepción